JN405997

2023년 국가공무원 7급 공개경쟁채용 선발 필기시험 대비

공단기 7급 PSAT 프리미엄 모의고사

| 언어논리 · 상황판단 영역 |

1교시

응시번호

성명

5회

문제책형 가

응시자 주의사항

1. **시험시작 전에 시험문제를 열람하는 행위나 시험종료 후 답안을 작성하는 행위를 한 사람**은 「공무원임용시험령」 제51조에 의거 **부정행위자**로 처리됩니다.
2. **답안지 책형 표기는 시험시작 전** 감독관의 지시에 따라 **문제책 앞면에 인쇄된 문제책형을 확인**한 후, **답안지 책형란에 해당 책형(1개)**을 '●'로 **표기**하여야 합니다.
3. 시험이 시작되면 문제를 주의 깊게 읽은 후, **문항의 취지에 가장 적합한 하나의 정답만을 고르며,** 문제내용에 관한 질문은 할 수 없습니다.
4. **답안을 잘못 표기하였을 경우**에는 **답안지를 교체하여 작성하거나 수정할 수 있으며,** 표기한 답안을 수정할 때는 **응시자 본인이 가져온 수정테이프만을 사용**하여 해당 부분을 완전히 지우고 부착된 수정테이프가 떨어지지 않도록 손으로 눌러주어야 합니다. **(수정액 또는 수정 스티커 등은 사용 불가)**

   ■ **불량한 수정테이프의 사용과 불완전한 수정처리**로 인해 발생하는 **모든 문제는 응시자 본인에게 책임이 있습니다.**
5. **시험시간 관리의 책임은 응시자 본인에게 있습니다.**

   ※ 문제책은 시험종료 후 가지고 갈 수 있습니다.

모의고사의 특징

1. 본 모의고사는 '공단기'에서 실시한 '7급 PSAT 전국모의고사' 문항 중 기출유형에 최적화된 문항만을 선별하여 구성되었습니다.
2. '정답 및 해설'에서 실제 시험 응시자들의 정답률을 확인할 수 있습니다.

공단기 gong.conects.com

언어논리영역

문 1. 다음 글에서 알 수 없는 것은?

지역축제는 전통축제, 향토축제로 구분된다. 전통축제는 민족독립 이전부터 세시풍속으로 전승해온 절기제사의식으로 전통적인 읍치제사의식과 마을굿을 말한다. 향토축제는 민족독립 이후에 식민문화를 청산하지 못한 채 일본식 마쯔리를 모방한 중·소도시의 지역축제를 말한다.

지역축제의 시대구분은 지방자치제도가 전면적으로 실시된 1995년을 기준으로 한다. 일제시대부터 1995년까지를 전기, 그 이후부터 현재까지를 후기로 설정한다. 축제의 시대구분 기준은 독단적인 관선행정의 끝에서 자율적인 민선자치행정으로의 전환에 그 비중을 둔다. 지방자치제도의 실시는 민주화의 결과로 비로소 가능했던 것이다.

춘향제는 우리나라의 대표적인 향토축제로 알려져 있다. 고전소설 춘향전에 등장하는 춘향을 실존인물처럼 여겨 1931년에 광한루원에 춘향사당을 짓고 제사를 올린 게 춘향제의 시초였다. 향토축제는 처음부터 작위적이고 전통성이 결여된 축제로 출발했다. 남원에는 조선시대 전통의 사직제가 전승해 오고 있음에도 불구하고 전통제전을 배제한 채, 춘향제가 지속되어 왔다.

축제는 '제의를 축하한다'는 뜻으로 신에 대한 제사가 핵심이다. 신에게 제사를 지내는 종교의례가 아닌 행사에 축제라는 용어를 사용해서는 안 된다. 그런데 우리나라는 일본의 마쓰리를 그대로 차용해 쓰고 있다. 남원의 춘향제는 단오절에 단오제를 대신하여 일부러 꾸며낸 춘향에 대한 제사였다. 전통적으로 신격화될 수 없는 대상을 봉행하고 단오제를 혁파하는 일은 명분이 없는 일이다.

제와 굿은 제사 방식의 차이일 뿐 신에게 제사지내는 의식은 같다. 제는 절차와 격식이 있고 굿은 신놀음의 방식이다. 굿은 크게 나누어 마을굿과 무당굿이 있다. 마을굿의 유형으로는 마을주민이 주도하는 대동굿과 무당이 주도하는 별신굿이 있다. 대동굿은 신과 신앙의 주체와 제사장의 참여로 이루어진다. 이 구도에서 제사장인 무당이 일제시대에 심각하게 명예를 훼손당하면서 굿은 수렁에 빠지게 된다. 한국인들에게 굿은 항일운동의 원동력이었기 때문에 말살대상이 되었던 것이다.

① 춘향은 신격을 가지지 않는다.
② 대동굿 신앙의 주체는 마을 주민이었다.
③ 춘향제는 지방자치제가 실시되기 이전부터 실시된 지역축제다.
④ 춘향제는 그 성격상 향토축제가 아니라 전통축제로 구분되어야 한다.
⑤ 지역축제의 구분 시점은 지방자치제도가 본격적으로 실시된 시점과 일치한다.

문 2. 다음 글에서 알 수 있는 것은?

조선에서 서학을 가장 먼저 접할 수 있었던 계층은 동지사, 천추사 등의 연행 사절단이었고, 이들이 귀국하면서 구매해온 서학 서적이 지식인층에 먼저 유포되었다. 서학 중에서 천주학은 유교의 강상명교와는 양립하기 어려운 교리를 갖고 있었지만, 청 황실에서 환영받은 과학문명과 함께 전파하는 방식을 택함으로써, 외래종교에 대한 거부감을 불식하며 번져나가고 있었다.

서학은 왕실에서 공인받은 천문역법을 중심으로 지식인들 사이에서 조용히 전파되었기 때문에 18세기 중기까지는 그다지 문제가 되지 않았다. 그러나 지적 호기심을 넘어서 종교로서 신앙하는 이들이 생겨나기 시작하여 평민계층으로 급속히 퍼져나갔다. 1784년 이승훈이 정식으로 신부서품을 받아오고 종교형태를 갖춘 조선 천주교회가 표면화되기 시작했다. 당시 조정에는 천주교 신자가 늘어나는 것을 걱정하는 상소가 이어졌고, 1785년 을사추조적발사건에서는 이벽, 정약용 등 남인 출신 소장학자들 사이에서 이미 확고한 신앙의 형태를 갖추고 있었다.

새로운 과학문명을 보여주었던 서학이 '천주학' 중심으로 이동하면서 자생적으로 '천주교'로 변신하였고, 점차 민중들 사이로 파고들었다. 특히 1787년 최초의 한글번역본 『성경직해』가 출간되었고, 1790년대에는 천주교 서적을 전문적으로 필사해서 생계로 삼는 사람이 나오기도 했다. 1798년에는 정약종이 최초의 천주교 한글교리서인 『주교요지』를 저술했으니, 이러한 한글본의 유통은 천주교가 한문을 해독할 줄 모르는 부녀자와 하층민들에게까지 급속히 전파되었다는 증거라고 할 수 있다.

그래서 천주교 박해가 벌어지던 18세기 말~19세기 초에도 한글 교리서와 관련 서적에 대한 수요는 오히려 증가하였다. 이는 박해가 시작되었어도 천주교에 대한 신앙심 자체를 억압하지 못했음을 보여준다. 서양에서 들어온 새로운 종교는 반상에 대한 차별도 남녀 차별도 없었다. 오히려 '무겁고 힘든 짐을 진 자들아 다 내게로 오라'고 함으로써 힘없고 고통받는 하층민에게 더 친화적이었으니, 이 점에서 봉건계급질서를 옹호하는 유교와는 분명한 차별성을 보였을 뿐 아니라, 천주를 독실하게 믿기만 하면 영생의 구원을 약속해주는 서학 즉 천주교가 기존의 유교나 불교보다 훨씬 호소력이 있었다. 그래서 지식인들 뿐 아니라 평민과 부녀자들 사이에서 소리 없이 전파되었고, 한글번역서를 통해 급속히 퍼져나갔다.

① 18세기 전까지 천문역법은 조선에서 '서학'으로 인정되지 못했다.
② 청에 갔던 연행 사절단이 돌아오면서 남인의 천주교리서가 급속히 전파되기 시작했다.
③ 천주교가 박해를 당한 것은 서양의 반상차별이 조선의 신분제를 위협하기 때문이다.
④ 불교는 천주교와 달리 봉건계급질서를 옹호하는 역할을 했다.
⑤ 한글교리서 수요는 19세기에 박해당한 천주교인들의 신앙심을 대변한다.

문 3. 다음 글에서 알 수 있는 것은?

중국 근대 사상가인 양계초는 조선에 가 본 적이 없었지만, 1897년부터 1910년 기간에 조선이 점차 일본에 강제 합병되어 나라가 망하는 과정을 주의 깊게 살핀 인물이다. 조선에 대한 그의 초기인식은 문장을 통해 엿볼 수 있다. 그는 19세기의 동아시아 국세를 잘 이해하지 못한 것은 물론, 당시의 조선왕조를 몇 번이나 "고려"로 잘못 칭하였다. 이때 그가 조선을 예로 든 것은 1894년 청일전쟁에서 패한 후였다. 그는 조선의 예를 빌어 전통의 사농공상 관념은 엄중히 중국의 부강을 저애하며 상업발전을 격려해야 한다고 주장했다.

무술정변 이후 양계초는 일본으로 망명을 갔다. 일본에서 계몽 사상가들의 저서를 접한 그는 선진적인 인식을 가졌으며, 일본을 본받아 법과 제도를 고칠 것을 주장했다. 당시까지도 양계초의 조선에 대한 관심도는 같은 시기의 일본에 대한 관심도와 비교하면 낮은 편이었다. 그러나 이후 근 14년간의 망명생활을 보내며, 그 부강뒷면에 숨겨진 일본의 대외확장의 욕망을 이해한 다음부터 사상에 변화가 발생했다. 그는 점차 기존에 경시했던 조선국민에 대해 동정하기 시작했다. 이 단계에서 양계초는 평등한 시각으로 조선을 보기 시작했으며 중국과 조선 양국의 망국멸종위기를 인식했다.

양계초는 이후에 「조선멸망의 원인」 이라는 글을 발표하여 조선멸망 과정을 상세히 분석했다. 그는 조선멸망의 가장 근본적 원인은 내부의 부패된 전제주의에 있다고 지적했다. 그는 조선 귀족 양반들이 하릴없이 빈둥거리고 지냄을 비판하면서 조선 민중들을 딱하게 여겼다. 하지만 결국 조선망국은 "스스로가 자초한 것"으로 보았는데, 그의 이런 동정 심리에는 청나라 귀족들과 국민들의 투영이 있었다.

그는 안중근과 홍범식 두 명의 조선 애국의사를 찬양했다. 안중근과 같은 민족영웅의 반항에도 힘없이 쓰러지는 조선을 보며 양계초는 비통한 마음을 감추지 못하며 한탄한 후에, 일본의 조선에 대한 정책을 파헤쳤다. 하지만 이는 슬픔과 안타까움의 글이라기보다는, 조선의 멸망이 절대 우연이 아니며, 일본이 조선을 발판으로 삼아 반드시 중국을 침략해 올 것을 대비해야 한다는 글이었다. 종합적으로 양계초가 관심을 가진 것은 조선의 국가운명이라기보다는, 다른 데 있었다.

① 양계초는 조선을 자신의 조국처럼 극진히 여겨 국정에 관심을 가지고 평론했다.
② 조선에 대한 양계초의 관심은 근본적으로 중국의 운명에 대한 관심으로부터 기인했다.
③ 양계초는 일본의 자본주의 문화를 흠모해 조선과 청나라가 모두 일본을 본받아야 한다고 보았다.
④ 양계초의 시선은 조선통치계급에만 머물러 있지 않고, 민중의 반항에 대해서도 주의 깊게 다루었다.
⑤ 근대 조선에 대한 양계초의 인식은 깊은 데서부터 얕은 데로 점차 표면화되었다고 분석할 수 있다.

문 4. 다음 글에서 알 수 있는 것은?

1960년대 팝아트의 등장 이래로 미술이 대중문화의 규약과 소재를 따르면서 점차 일상과 예술의 거리를 좁히는 체험을 제공하는 경향이 많아졌다. 그렇다면 팝은 진정 대중적인 예술인가? 프랑스의 철학자 보드리야르에 따르면 팝아트는 '대중예술'이 아니다. 즉 일상적인 사물을 다룬다고 해서, 일상적이고 대중적인 예술은 아니라는 것이다.

보드리야르에 의하면 팝아트는 미국적 문명이든 소비사회의 운명이든 간에, 현재의 세계에 전적으로 편입되고자 한다. 실제보다 '더 실제 같은 이미지'를 교환하는 것이 현재 우리의 소비 사회다. 그렇기에 팝아트에서의 사물은 이미지의 복제를 넘어 '문화의 복제'가 된다. 예컨대 앤디 워홀의 수많은 '캠벨 수프 캔' 작품을 보자. 사람들은 토마토 수프 캔의 실물을 산 것이 아니라 수많은 토마토 수프 캔의 모습이 복제되어 제시되는 이 작품을 산다. 그것은 이미 단순히 이미지의 복제를 넘어 기호의 산업적 대량생산이다. 보드리야르는 현대예술이 상품의 기호처럼 추상화되어가고 점차 환상을 잃은 그 자리에 기호가 대신하면서 예술은 사라져갈 것이라고 보았다. 그렇다면 팝아트는 예술의 사용가치를 잃고 철저히 교환가치로서 소비재로만 존재하는 것인가?

후이센에게 팝이란 개념은 단지 앤디 워홀 등에 의해 탄생한 새로운 예술 뿐 아니라, 비트 앤 락 음악, 마약소재의 영화 등 실제로 '하위문화'에 대한 어떤 선언을 나타낸다. 그의 시각에는 팝아트가 고급 · 진지한 예술과 저급 · 대중문화 사이의 간격을 가깝게 하려 했던 반 권위주의적 문화현상이었다. 따라서 그 이후의 '미니멀리즘'에서 흔히 드러나는 문화정치학적 함의들 역시 이와 관련을 지니는 것으로 보았다. 무엇보다도 여기엔 '일상적인 것의 변용'을 통해 대중과 소통하고자 함으로써 과거 예술에 대한 비판을 함축하고 있음을 간과할 수 없다.

최초의 팝아트 작가로 일컬어지는 리차드 해밀튼의 작품에서는 대중문화 목록이 보인다. 즉 달의 표면으로 꾸며진 천장, 우람한 근육질 남자, 나체의 여자 등이 마치 유행처럼 나열된다. 그 후 많은 팝아트 작품이 마치 상업광고와 같은 기술을 사용하는 것에 대한 당대의 악평이 쏟아졌는데, 이에 대해 루시 리파드는 '팝아트가 실은 현실을 다루는 예술의 새로운 방식'이라는 점을 대부분의 사람들은 이해하지 못했다고 말했다.

① 팝아트는 작품의 소재로 일상적인 사물을 다루지 않는다.
② 보드리야르에게 팝아트란 현대예술 작가들에 의해 탄생한 새로운 예술만을 의미한다.
③ 팝아트는 작품의 소재와 그것을 다루는 기술에 있어 고전적인 과거 예술과는 다른 방식을 사용했다.
④ 보드리야르와 후이센, 그리고 루시 리파드는 공통적으로 팝아트가 대중적인 예술은 아니라고 보았다.
⑤ 후이센은 팝아트의 방식을 권위주의에 대항하고자 하는 것이 아니라 대중과 소통하고자 하는 것으로 해석했다.

문 5. 다음 글에서 알 수 있는 것은?

'교환이론'은 인간의 행위와 그 상호작용을 중심적으로 다룬다는 점에서, 상징적 상호작용론의 연장선상에 있다. 하지만 이들은 공리주의적 고전경제학의 수혈을 받고 좀 더 구체적이고 현대적인 면모를 갖추며 사회학의 전면에 등장했다. 초기의 절대적인 교환이론가들이 보여주는 결론은 간단명료하다. 사람들은 합리적이고, 모든 필요한 정보를 다 얻으려 할 것이며, 가능한 선택들을 다 고려해, 이를 바탕으로 효용이 극대화되는 방향으로 행동한다는 것이다.

교환론자들은 바로 이런 전제를 받아들였다. 물론 그것을 '사회적' 교환이론으로 바꾸는 데에는 어느 정도 수정이 필요했다. 왜냐하면 사람들은 이익을 최대한 극대화하려 끊임없이 시도하지도 않았고, 항상 합리적인 것도 아니었으며, 모든 선택을 고려해 볼 만한 정보를 개인이 얻을 수도 없기 때문이다. 그러므로 그들은 사람들이 이윤의 극대화까지는 아니더라도 다른 사람과의 거래에서 얼마간의 이익을 얻으려 하며, 합리적이지는 못해도 언제나 비용과 이익을 계산하고, 적어도 몇몇 선택 사항을 알고 평가한다고 전제한다. 또한 인간 개인은 물질적 상품뿐 아니라 감정과 다양한 종류의 서비스 등 비물질적인 것도 교환한다고 보았다.

그들은 또한 행동주의 심리학에서도 중요한 전제와 개념을 얻어왔다. 스키너로 대표되는 행동주의 심리학자들은 비둘기나 생쥐 등의 동물을 통해 드러나는 행동만을 관찰하고 연구했으며, 보상과 벌을 통해 이를 통제했다. 이들의 결론은, 유기체는 어떤 행동에 대해 벌이 가해지거나 아무런 보상이 없으면 그 행동을 멈추게 되며, 보상이 주어지면 그 행동을 강화하고 반복하게 된다는 것이다. 또한 지나친 보상은 포만감을 유도해 오히려 다른 보상을 찾아가게 한다.

사회적 교환이론가들은 고전경제학에서 '비용'이라는 개념을, 행동주의 심리학에서는 '보상'이라는 개념을 빌려오며 이 둘을 종합했다. 그들은 이러한 개념으로 사람들의 상호작용을 설명하기 시작했다. 그리고 그 교환의 주체를 개인과 집단, 기업, 지역공동체, 국가까지 확대함으로써 미시적 관점에서 거시적 관점까지 아우르는 사회학 이론으로 발전시켰다.

① 사회적 교환이론가들은 현실의 경제주체가 어느 정도 내부적, 외부적 한계를 지닌다는 것을 인정한다.
② 행동주의 심리학자들은 비물질적인 상호작용은 행동으로 드러나지 않을 것이라고 가정했다.
③ 공리주의적 경제학은 행동주의 심리학의 영향을 받아 행동주의 경제학으로 발전했다.
④ 교환이론은 합리적인 경제주체가 최소비용으로 최대효용을 추구한다고 항상 가정한다.
⑤ 상징적 상호작용론은 교환이론보다 엄밀하게 구축된 학문체계를 가지고 있었다.

문 6. 다음 글의 논지로 가장 적절한 것은?

보건복지부와 국가생명윤리정책원이 수행한 "2020년 연명의료결정제도 시행 현황 실태조사"에 따르면 의료기관윤리위원회에서 연명의료중단 등 결정 및 이행 업무를 수행하는 전담 인력은 간호사가 가장 많다. 또한, 연명의료중단 등 결정 및 이행과 관련한 '상담 업무'를 수행하는 인력 역시 간호사가 가장 많고 의사가 그다음으로 많다. 특히 종합병원에서는 연명의료 관련 상담 업무 수행 인력으로 간호사가 상대적으로 높은 비중을 보인다. 이러한 조사결과를 통해 의료기관에서 간호사가 환자의 연명의료중단 등 결정과 관련된 업무를 담당하고 있는 비중이 매우 높다는 것을 알 수 있다. 최근 한 연구에 따르면 간호사는 연명의료결정법 시행 이후 법적 요건을 충족하기 위한 복잡한 행정 절차에 대해 스트레스를 받고 있으며, 연명의료중단 등 결정 과정에서 간호사의 역할이 명확하지 않아 피로감과 어려움을 호소하고 있다.

한편, 환자의 연명의료결정 과정에 담당 의사는 "사전돌봄계획"을 통하여 환자의 치료 및 돌봄 계획에 대해 환자와 환자가족과 함께 원활하게 소통하면서 준비하는 과정을 거친다. 사전돌봄계획은 환자가 원하는 생의 말 돌봄을 제공하는데 점차 필수적인 요소로 인식되고 있다. 간호사는 사전돌봄계획에서 평가를 위한 입회자, 개시인, 정보제공자/교육자, 의사전달자, 촉진자, 운영자의 역할을 할 수 있다고 보고된다. 그런데도 간호사의 40% 이상이 사전돌봄계획에 거의 참여하지 못하고 있는 것으로 나타났다. 이러한 연구결과를 미루어보면, 환자의 사전돌봄계획에서 간호사의 참여가 쉽지 않으며 이들은 역할 한계를 경험하고 있는 것으로 추측할 수 있다.

① 사전돌봄계획에서 간호사가 맡은 역할의 분담이 필요하다.
② 사전돌봄계획의 참여도에 따라 연명의료중단결정에서 간호사의 역할을 명확하게 규정해 주어야 한다.
③ 연명의료결정제도의 사전돌봄계획은 간호사의 역할을 지나치게 요구하는 측면이 강하다.
④ 연명의료결정제도에서 간호사가 맡은 역할을 분명히 하고 그 역할에 맞게 사전돌봄계획에 참여시켜야 한다.
⑤ 연명의료결정제도를 이해하는 과정에서 맡게 되는 의사의 역할을 더 늘릴 필요가 있다.

문 7. 다음 글의 ㉠과 ㉡에 들어갈 내용으로 가장 적절한 것은?

> 이중구속이론은 인류학자 G에 의해 제시되었다. 그는 인간과 사회를 연구하면서 시종일관 하나의 개체보다는 개체들이 관계하는 방식에 관심을 가지면서 관계의 도구로서 의사소통에 주목한 연구자이다. 그는 조현병 가족의 의사소통 방식에 대한 연구를 통해서 이중구속이론을 확립하였다. 즉 [㉠]
>
> G는 이중구속에 필요한 요소를 다음과 같은 여섯 가지로 제시하고 있다. (1) 둘 혹은 그 이상의 사람 (2) 반복되는 경험 (3) 부정적인 1차 명령 (4) 1차 명령과 모순되고 생존을 위협하는 신호나 처벌에 의해 강요되는 2차 명령 (5) 희생자가 현장에서 도망가는 것을 금지하는 부정적인 3차 명령 그리고 (6) 희생자가 이중구속의 패턴으로 자신의 세계를 지각하도록 학습됨 등이다. 즉 이중구속은 두 사람 사이에서 반복적으로 경험되는 의사소통의 패턴이 처음 부정적인 1차 명령을 보내고 그 다음에는 1차 명령과 모순되는 2차 명령이 전달되며, 이러한 모순적인 상황에서 빠져나오려할 때 그럴 수 없다는 3차 명령이 다시 전달된다는 것이다.
>
> 이중구속이 이루어지기 위한 다른 하나의 중요한 조건은 희생자에게 명령을 내리는 사람이 관계에서 절대적인 힘을 가진다는 것이다. 만약 명령을 내리는 사람의 힘이 크지 않다면 그저 무시하면 그만이다. 그러나 [㉡] 희생자는 힘을 가진 타자의 욕망에 휘둘리다가 어떠한 행동을 취해야 할지 혼란스러운 상태에 직면하고 급기야 정신적 병리를 얻게 된다. 이러한 의사소통의 방식이 반복되는 경우 나타나는 극단적인 형태가 조현병이라고 보는 것이다.

① ㉠: 조현병은 의사소통의 내용이 아니라 이중구속적 상황을 만드는 의사소통에서 비롯된다는 것이다.
　㉡: 관계에서 큰 힘을 가졌다면 희생자는 명령자의 이율배반적인 메시지로 인해 심각한 혼란을 겪으며 분노와 불안 상태에 빠진다.

② ㉠: 이중구속은 두 사람 이상의 가족관계가 성립하는 상황을 전제하는 이론이다.
　㉡: 관계에서 큰 힘을 가졌다면 희생자는 명령자의 이율배반적인 메시지로 인해 심각한 혼란을 겪으며 분노와 불안 상태에 빠진다.

③ ㉠: 이중구속은 두 사람 이상의 가족관계에서 성립하는 권력의 발휘 과정을 이론화한 것이다.
　㉡: 부모의 일치하지 않는 연쇄적 메시지는 심리적 혼란을 유발한다.

④ ㉠: 조현병은 의사소통의 내용이 아니라 이중구속적 상황을 만드는 의사소통에서 비롯된다는 것이다.
　㉡: 부모가 전달하는 메시지는 권력의 목소리로 전달된다.

⑤ ㉠: 조현병은 가족 안에서 벌어지는 의사소통의 내용이 성인기를 거치는 과정에서 미치는 영향에 주목한다.
　㉡: 권력관계를 통해 희생자가 발생하지는 않는다.

문 8. 다음 글의 흐름에 맞지 않는 곳을 ㉠ ~ ㉤에서 찾아 수정할 때 가장 적절한 것은?

> 역사적으로 지참금은 인도에서 힌두 결혼제도의 한 구성 요소였다. 전통적으로 지참금은 결혼에서 ㉠ 신부와 신랑이 일정 금액을 동시에 내놓는 법을 의미한다. 장신구, 비싼 옷들 및 기타 귀중품과 함께 칸냐단(“신부 자체가 신랑에게 의례적 선물로 주어진다”는 의미)의 개념은 고대에서 현대에 이르기까지 힌두 관습과 의례와 관련된다. 같은 문화 체계 내에서 이러한 부의 사회적 이전은 두 가족의 관계 수립의 도덕적 기초로서 기능했다.
>
> 그러나 지참금의 현대적 현상은 이러한 관습적인 제도에 변화가 생겨나 ㉡ 선물의 증여가 더 이상 자발적인 과정이 아니게 되었음을 보여준다. 흔히 신부 가족은 선물증여의 이름으로 지참금을 내놓도록 강요되고, 선물도 전체 현금 가치로 평가된다. 그 액수는 신부 가족과 신랑 가족 사이에 대체로 중매자를 통해 협상으로 결정된다. 자신의 사회경제적 지위에 기초하여 액수를 결정하는 것은 신랑 가족이다. 신부 가족은 마지못해 또는 절실한 마음으로 ‘선물요구’에 응하는데 이는 혼기가 지난 딸을 부모 집에 묶어두는 사회문화적 오명에서 벗어나기 위해서이다. 모든 요구를 한 번에 이행할 수 없으면, ㉢ 요구한 전체 현금 가치를 할부로 이행할 것을 약속한다. 따라서 현대의 지참금이 갖는 특징은 자발적인 선물증여가 아니라 강요된 증여라는 점, 그리고 선물요구의 결정권이 주로 신랑 가족에 있기에 선물은 신부가 자기 가족으로부터 받는 상속과의 관련성이 부정된다는 점이다.
>
> ㉣ 지참금 관습의 이러한 변화는 신부 가족에게는 엄청난 병폐를 초래했다. 결혼은 점차 신부 가족의 경제적 긴장의 근원이 되었고, 신랑 가족으로부터의 현금이나 물건의 요구가 커짐에 따라 딸들을 결혼시키는 것이 매우 어려운 일이 되었다. 가족 내에 많은 딸을 가진 것은 사회적 종교적 저주로 생각하게 되었고, 소녀 자신들에게는 가족과 사회 내에서 종속적 위치를 의미하게 되었다.
>
> 신랑 가족의 요구를 충족시키지 못하는 경우 ㉤ 신부에게 모욕감과 정신적 상처를 주고 극단적인 결과를 초래한다. ‘신부를 불태워 죽이는 행위’ 또는 ‘자살을 교사하는 행위’ 등 지참금과 관련된 어린 신부들의 죽음과 학대 행위에 대한 기사는 매일 신문에 넘쳐난다. 인도의 한 중요 일간지가 2014년 6월 11일 자에 보도한 지참금과 관련된 어린 신부들의 죽음에 관한 기사가 4건, 그리고 지참금 죽음으로 인한 유죄 판결 기사가 5건이었다.

① ㉠을 “신부가 신랑 및 신랑 가족에게 자발적으로 주는 선물을 의미했다.”로 수정한다.

② ㉡을 “신용으로 생성되며 자산의 목록으로도 포함된다.”로 수정한다.

③ ㉢을 “신랑 가족이 요구한 전체 현금 가치를 조정하는 협상을 시작한다.”로 수정한다.

④ ㉣을 “지참금 관습의 변화로 인해 신부는 결혼 대신에 취업을 선택하는 경향이 생겼다.”로 수정한다.

⑤ ㉤을 “딸은 결혼을 중단시킬 수 있다.”로 수정한다.

문 9. 다음 글에서 추론할 수 있는 것만을 <보기>에서 모두 고르면?

지휘자가 타이머 시계의 버튼을 누르면 오케스트라는 4분 33초 동안 아무런 연주를 하지 않는다. 이 지휘자와 오케스트라가 연주한 곡은 존 케이지가 작곡한 “4분 33초”라는 곡이다. 존 케이지가 의도한 것은 침묵을 의도적으로 만들고 그로 인해 관객들이 콘서트홀 내에서 들려오는 배경음에 집중하게 만드는 것이다. 환경 운동가인 머레이 셰이퍼는 존 케이지의 영향을 받아 사운드스케이프 개념을 제안하고 정립했다. 사운드스케이프(Soundscape)는 소리(Sound)와 풍경(Scape)의 합성어로 소리를 하나의 풍경으로 인식한다. 랜드스케이프(Landscape)가 시각적 풍경에 집중한다면 사운드스케이프는 청각적 풍경에 초점을 두는 것이다.

머레이 셰이퍼는 기조음, 신호음, 그리고 사운드마크와 같은 개념적 도구를 이용하여 사운드스케이프를 해석하고 분석하였다. 기조음은 음악에서 쓰이는 주음과 같은 뜻으로 모든 음악의 기초가 되는 배경음이다. 기조음은 매번 의식적으로 들리지는 않지만 특정 사운드스케이프의 밑바탕이 된다는 점에서 중요하다. 바닷가의 파도 소리, 숲속의 바람 소리, 도시의 교통소음 등이 이에 해당할 수 있다. 신호음은 기조음과 달리 의식적으로 들리는 소리다. 즉 신호음은 사람들에게 어떠한 메시지 또는 의미를 전달하는 소리로 전경음이라고 할 수 있다. 사운드마크는 랜드마크와 유사한 개념으로 지역 공동체에게 사회문화적으로 큰 의미를 담고 있는 소리를 일컫는다. 매 시간마다 울려퍼지는 성당의 종소리가 사운드마크의 좋은 예다. 사운드마크라고 할 수 있는 소리들은 공동체의 지역적, 사회문화적 특성을 대표하기 때문에 그 소리를 보존하려는 정책을 펴기도 한다. 셰이퍼는 이렇게 분류한 음을 배치함으로써 사운드스케이프를 조성할 수 있다고 보았다.

사운드스케이프 접근 방식은 음환경을 하나의 총체적인 풍경으로 바라본다. 사운드스케이프 관점에서는 인간이 소리 요소들을 각각 어떠한 의미로 받아들이는지를 중요하게 여긴다. 소음원의 음레벨을 줄이는 것뿐만 아니라 사람들이 좋아하는 소리 요소들을 이용해서 도시 공간의 사운드스케이프를 디자인하는 것에 초점을 둔다.

<보기>

ㄱ. 셰이퍼에게 있어서 폭죽소리는 사운드스케이프에 해당하지 않는다.
ㄴ. 사운드스케이프는 주체에 따라서 다르게 구성될 수 있다.
ㄷ. 셰이퍼는 외부 소음이 차단된 상태에서는 사운드스케이프가 구성될 수 없다고 본다.

① ㄱ
② ㄴ
③ ㄱ, ㄷ
④ ㄴ, ㄷ
⑤ ㄱ, ㄴ, ㄷ

문 10. 다음 글의 <표>에 대한 판단으로 적절한 것만을 <보기>에서 모두 고르면?

정부에서는 K시에 원자력발전소를 건설하려는 계획을 갖고 준비과정을 밟아왔다. 그러나 최근 인근 국가에서 원전사고가 발생하면서 K시의 주민들 내에서 원전 반대 의견이 증가했다. 발전 사업이 취소될 경우 발생할 불이익과 국가적 손실을 감안하여 정부와 한수원에서는 K시 주민들을 설득할 수 있는 설명회를 준비하려고 한다.

우선 정부에서는 원자력발전소를 건설하면서 K시에서 발생할 수 있는 1 · 2차 산업의 경제적 효과와 원전 종사자의 소비 · 지출에 의존하는 서비스업의 3차 산업의 이익과 효용을 조사하여 원전을 통한 생산유발액이 매년 1조가 넘는다면 주민을 ‘설득’하기로 결정했다. 그리고 원자력발전소 건설 시 한국수자력발전소에서 납부하는 지역자원시설세를 인상하여 K시로 1,000억 원 이상의 세금이 납부될 수 있다면 이를 통한 지역발전 가능성을 들어 ‘설득’하기로 했다. 마지막으로 국민을 상대로 한 여론조사를 진행해 국민의 40% 이상이 발전소 건설에 반대하지 않는 것으로 집계된다면 K시 주민을 ‘설득’하기로 했다. 그리고 3개의 조건을 만족시킬 수 있는 보고서를 작성하여 각 조건을 만족하는 경우 ‘설득’이라 표기하기로 했다. 제출된 2개의 보고서 중에서 1개는 모든 항목에 ‘설득’이라 표기되었다. 다른 보고서는 여론조사 조건과 지역자원시설세 조건에서 ‘설득’하기에는 미달되는 숫자가 집계되어 하나의 조건만 설득이라 표기되었다.

이상의 내용을 다음과 같은 형식으로 나타낼 수 있다.

<표> K시 원자력발전소 수립 설명 계획

조건 / 보고서	(가)	(나)	(다)
A	㉠	㉡	㉢
B	㉣	㉤	㉥

<보기>

ㄱ. ㉡과 ㉢이 ‘설득’으로 표기된다면, ㉤과 ㉥도 ‘설득’으로 표기된다.
ㄴ. ㉣과 ㉥에 표기된 내용이 같지 않다면, ㉠과 ㉢에 표기된 내용은 같다.
ㄷ. (나)에 생산유발액 조건이 들어간다면, ㉡과 ㉤은 둘 다 ‘설득’으로 표기된다.

① ㄱ
② ㄷ
③ ㄱ, ㄴ
④ ㄴ, ㄷ
⑤ ㄱ, ㄴ, ㄷ

문 11. 다음 글에 대한 분석으로 적절한 것만을 <보기>에서 모두 고르면?

갑: 지진, 쓰나미, 홍수, 가뭄, 폭염 등의 자연재해는 민주적으로 누구에게나 공평하게 발생한다. '재난'은 근본적으로 사회 구성원 누구에게나 공유되는 평등성을 내포하고 있다. 소득과 계층, 집단에 상관없이 누구에게나 언제 닥쳐올지 모르는 불확실한 위험 요소로 여겨진다.

을: 현대 위험사회를 살아가고 있는 우리는 자연재해를 비롯한 각종 재난의 피해가 '차별적'으로 발생하는 사회적 현상을 경험하고 있다. 개인의 재난대응능력은 얼마나 다양한 형태의 자원에 접근할 수 있고 활용할 수 있는지에 따라 달라질 수 있다.

병: 정치적 자원 배분의 과정에서 '재난'은 실업, 질병 등의 사회적 위험 가운데 투자의 우선순위에서 밀리는 경향이 있다. 이로 인해 보호장치가 없는 사회적 약자들에게는 재난이 더 큰 피해를 낳는 문제가 발생하기도 한다. 재난은 한 번 발생하면 삶의 터전을 잃을 수도 있는 위험도가 매우 큰 위험 요소지만, 살아가면서 경험할 수 있는 빈도는 낮다는 이유로 공정한 자원배분에 관한 정치적 쟁점이 되지 못한다.

정: 재난을 처리하는 과정에서 지켜지지 않은 공정성은 '신뢰'와 직결된다. 우리 사회의 뿌리 깊은 불공정성에 대한 인식이 지속되어 공동체 구성원 간의 신뢰 저하로 이어지기 때문이다. 이런 재난은 자연으로부터 시작된 재해가 아니라 사회적 신뢰를 구축하지 못해서 생겨난 것으로 볼 수 있다.

<보기>

ㄱ. 을과 달리 병은 재난의 피해가 사회 구성원 모두에게 평등하게 공유된다고 생각한다.
ㄴ. 갑은 재난의 발생을 예측할 수 없다고 본다는 점에서 병과 입장이 다르다.
ㄷ. 병과 정은 재난 대처과정에서 사회적 불공정성이 나타날 수 있다고 생각한다.

① ㄱ
② ㄷ
③ ㄱ, ㄴ
④ ㄴ, ㄷ
⑤ ㄱ, ㄴ, ㄷ

문 12. 다음 글의 A와 B의 주장에 대한 평가로 적절한 것만을 <보기>에서 모두 고르면?

교육학자인 A는 개인이 지식의 형식에 입문하여 합리적 사고를 형성하고, 합리적 삶을 살아감으로써 자유로운 마음, 또는 좋은 삶에 이를 수 있다고 본다. 지식에 대한 이러한 시각은 통상 '자유교육론'이라 불린다. 그러나 자유교육론은 지식과 인간의 마음 간의 논리적, 도식적 관련성에만 주목한 탓에 총체적인 수준의 마음을 지식 추구를 통해 어떻게 발달시킬 수 있는가에 관해서는 설명하지 못한다는 비판이 제기되어 왔다. 이에 기존의 논의는 A가 강조한 지식의 형식이 아닌 사회적 실제 개념에 입각하여 위와 같은 비판을 극복하려 했다. 이에 따르면 사회적 실제를 반영하여 삶의 기준을 재정립함으로써 총체적인 수준의 마음 발달이 가능하므로, 자유교육론을 완전히 폐기할 필요는 없다.

한편 B는 자유교육론에서 강조하는 합리적 사고는 외적으로 드러나 감각 가능한, 또는 관찰되는 현상, 즉 결과를 원인으로 간주하여 대상에 대한 인과적 해석을 거꾸로 진행하는 것이라고 보았다. 그에 따르면 합리적 사고는, 인간이 그 자체로서는 파악 불가능한 사태 및 대상을 인간의 인식론적 한계 내에 가둠으로써 인간의 상황 및 사고를 합리화하는 것에 지나지 않는다. 그러나 B가 이러한 '합리화'를 부정적으로 여긴 것만은 아니다. B는 인간이 자기 자신의 의지의 힘에 토대해 이를 이용함으로써 자신의 인식구조, 다시 말해 인식론적 한계를 성찰하여 자유로운 마음에 이를 수도 있다고 보았기 때문이다. 나아가 그는 총체적인 수준의 마음 발달 역시 이를 통해 이뤄질 수 있다고 생각했다.

<보기>

ㄱ. 사회적 실제를 반영한 삶의 기준 재정립만으로는 총체적인 수준의 마음이 발달할 수 없다는 주장은 A의 주장을 반박한다.
ㄴ. 합리적 사고가 원인과 결과를 뒤집어 파악하는 사고인 한, 인간은 자신의 인식론적 한계 역시 올바르게 성찰할 수 없다는 주장은 B의 주장을 반박한다.
ㄷ. 인간은 사회의 지배적 지식에 예속된 존재이기에 어떤 방식으로도 자유로운 마음에 도달할 수 없다는 주장은 A와 B의 주장 모두를 반박한다.

① ㄱ
② ㄴ
③ ㄱ, ㄷ
④ ㄴ, ㄷ
⑤ ㄱ, ㄴ, ㄷ

※ 다음 글을 읽고 물음에 답하시오. [문 13. ~ 문 14.]

형법과 소년법에서 책임능력 유무는 14세 기준을 둔다. 책임능력이란 구체적으로 어떤 능력을 말하는가? 책임능력 연령을 14세로 규정한 것은 타당한 것인가? 이러한 질문은 소년법 개정 논란의 논리적 근거와도 관련되어 있다. 책임능력의 판단 기준을 무엇으로 둘 것인가에 따라 연령뿐만 아니라 범죄성립의 요건까지도 달라지기 때문이다.

어떤 행위에 대하여 책임이 있다는 것은 선택의 자유가 있음을 전제한다. 자유로운 선택을 할 수 없는 상황에서 행해진 행위는 자의에 따른 행위가 아니기 때문에 행위에 따른 책임이 면해진다. 처벌이란 이처럼 선택의 자유에 의하여 어떤 행동을 했을 때 그 행위의 결과에 대한 책임을 말한다. 그러나 책임은 사회와 연관된 외적 책임만이 아니라 정신 측면의 내적 책임도 있다. 양심의 가책을 느끼는 것과 같은 도덕적 책임은 (가) 이다. 반면에 처벌을 받거나 피해를 보상하거나 하는 법적 책임은 (나) 이다.

그런데 책임능력 논의에서는 이성적 능력에 관한 논의가 빠질 수 없다. ㉠ 이성적인 능력을 갖지 못한 존재에게는 책임을 물을 수 없기 때문이다. 이성적인 능력에 관해서는 두 가지 방식이 있다. 행위의 동기에 관한 것과 행위의 평가에 관한 것이다. 동기적 관점은 (다) 의 견해로, 평가적 관점은 (라) 의 견해로 이해할 수 있다. 흄은 '이성'과 '정념'을 대비시켰다. 플라톤도 영혼의 합리적인 부분과 비합리적인 부분, 즉 '이성'과 '갈망'을 구분하였다. 그런데 여기에서 주목할 점은 두 철학자의 구분을 동일시해서는 안 된다는 것이다. 흄에 따르면, 이성은 동기의 원천이 아니라 참과 거짓을 결정하는 기능이다. 흄에게 이성의 본질적 기능은 동기를 부여하는 데 있지 않고 주어진 욕구들과 목적들의 맥락에서 어떻게 그 목적들과 욕구들을 성취할 수 있는가를 계산하는 데 있다. 반면에 플라톤에게 영혼의 합리적인 부분은 계산하는 능력이 아니다. 그것은 최고선을 추구할 수 있는 능력으로 최고선은 어떤 다른 목적을 위해서가 아니라 그 자체를 위해서 추구해야 할 것이다. 반면에 흄에 따르면 이성적 능력이란 하고 싶은 행위와 하고 싶지 않은 행위의 결과를 계산할 수 있는 능력, 즉 확률과 기대치를 계산하는 능력이다.

형법에 있어서 책임이란 "규범적 관점에서 인간에게 환경과 소질에 의하여 제약된 충동을 통제하고 사회윤리적 규범과 가치관에 따라 의사를 결정할 수 있는 능력"으로 규정된다. 이 규정에 따르면, 형사책임은 범죄에 대한 충동을 억제하고 보편적인 규범 내지 가치관에 따라 의사를 결정할 수 있는가의 문제로, 14세 미만자에게는 이러한 능력이 없다고 본다. 이에 의하면 책임능력은 충동조절 능력과 의사결정 능력을 말한다. 두 능력 모두 일종의 도덕적 가치판단에 속한다. 충동조절 능력은 욕망을 억제해야 할 악한 것으로 전제하고 있는 선과 악의 가치판단 능력을 말하고, 의사결정 능력도 그 사회에 통용되는 보편적인 규범을 기준으로 삼아 행위를 선택한다는 점에서 도덕적 가치판단에 속한다.

그러나 책임능력을 충동조절 능력과 의사결정 능력으로 규정하는 것은 두 가지 관점에서 비판을 받는다. 하나는 ㉡ 책임능력을 지나치게 도덕의 문제로 한정한다는 비판이다. 또 다른 하나는 책임능력의 범위가 좁다고 하는 문제뿐만 아니라, ㉢ 책임능력을 흄이 말한 계산능력으로 한정해서 본다는 비판이다.

문 13. 위 글의 (가) ~ (라)에 들어갈 말을 적절하게 나열한 것은?

	(가)	(나)	(다)	(라)
①	내적 책임	외적 책임	흄	플라톤
②	외적 책임	내적 책임	흄	플라톤
③	내적 책임	외적 책임	플라톤	흄
④	외적 책임	내적 책임	플라톤	흄
⑤	내적 책임	내적 책임	플라톤	흄

문 14. 위 글의 ㉠ ~ ㉢에 대한 평가로 적절한 것만을 <보기>에서 모두 고르면?

<보기>

ㄱ. 물리학 천재로 평가받는 12세의 사람이 그 연령 때문에 법적 책임능력을 갖지 못한다는 사실은 ㉠을 강화하지 않는다.

ㄴ. 아름다움과 추함을 분별하는 미학적 판단능력은 사회가 요구하는 책임능력의 하나라는 사실은 ㉡을 강화한다.

ㄷ. 이성의 본질적인 기능은 어떤 행위가 가져올 결과를 예상하는 데 있다는 사실은 ㉢을 강화하지 않는다.

① ㄱ
② ㄷ
③ ㄱ, ㄴ
④ ㄴ, ㄷ
⑤ ㄱ, ㄴ, ㄷ

문 15. 다음 논쟁에 대한 분석으로 적절하지 않은 것은?

갑: 전염병이 급속히 유행하는 요즘 대세에, A모임에서 다수의 감염자가 확인되었어. 심각한 문제는 A모임이 신념으로 뭉쳐졌기 때문에, 매우 폐쇄적이고 집단적인 성격을 띤다는 점이야. 사람 간 접촉으로 유행하는 전염병이 무작위로 확산되기 좋은 조건을 갖추고 있는 셈이지. 가까운 사이의 사람이라도 그가 A모임에 참여한다는 사실을 모르는 모양이야.

을: 그래도 밀접한 거리에서 항상 생활해야 하는 가족이나 직장 동료에게는 알려야 하지 않을까? 상대방은 자신도 모르는 사이에 전염병에 걸릴 수 있는 위험을 지는 거잖아.

병: 누구든 자유국가에서 자신의 신념을 반드시 공표해야 할 의무는 없어. 타인의 일거수일투족을 전부 보고받아야 할 권리를 지닌 사람도 없지. 게다가 A모임에 참석한다고 해서 모두가 잠재적 전염병 확산자인 것도 아니야. 어떤 경우이건 낙인효과는 위험해.

을: 다수의 타인에게 심각한 해를 끼칠 수 있는 경우에는 개인의 의무와 권리의 범위가 달라질 수 있어. 비록 적은 가능성이라고 해도 방지할 수 있다면 방지하는 것이 옳다고 생각해. 그 결과가 사망에 이를 수 있을 정도로 치명적이기 때문이지. 그런 의미에서 주변 사람에게 알려야 하는 것은 물론, 배우자가 A모임에 나간다는 것을 알게 된 사람은 이혼을 요구할 수 있도록 해야 한다고 생각해.

갑: 병의 이야기도 일리가 있어. 낙인효과는 부수적 피해자를 양산할 수 있지. 따라서 신념이 다르다는 이유만으로 이혼을 요구할 권리는 주어져서는 안 돼.

을: 그렇다면 배우자가 나와, 성인보다 더 취약한 아이들에게 전염병을 옮길 가능성이 있는데도 아무것도 할 수 없다는 의미야?

병: A모임에 나간다는 이유만으로 이혼을 요구할 수는 없지. 하지만 현재 전염병에 감염되어 있을 수 있고, 그를 옮길 수 있는 가능성이 크다는 것을 인지하면서도 이를 무시하고 계속 A모임에 나간다거나, 검사를 거부하는 것은 문제가 될 수 있어. 그것은 가정에서 해야 할 책임을 다하지 않은 유책배우자의 행위로 볼 여지가 있기 때문이지.

① 갑은 배우자가 A모임에 나간다는 사실 하나만으로는 이혼사유를 구성할 수 없다고 본다.
② 을은 자유국가에서도 자신의 신념을 반드시 공표해야 할 경우가 있을 수 있다고 본다.
③ 병은 배우자가 가족들에게 전염병을 옮길 가능성이 있다고 하더라도 이혼은 불가능하다고 본다.
④ 갑과 병은 A모임에 나가는 사람들에게 낙인을 찍어서는 안된다고 본다.
⑤ 을은 A모임 참석자가 전염병을 옮길 가능성에 대해 우려하는 반면 병은 이들이 전염병에 걸리지 않았을 경우에 발생할 수 있는 낙인효과와 같은 기본권 침해에 대해 우려한다.

문 16. 다음 글에서 추론할 수 있는 것만을 <보기>에서 모두 고르면?

인간은 수많은 정보 중 일부만을 기억 속에 저장하며 대부분은 망각하기 마련이다. 정보가 반복 학습되지 않는 경우는 기억 속에 오래 저장되지 못하고 잊혀질 수 있고, 심지어 망각한 사실조차 인지하지 못할 수도 있다. 단기기억에서 사라진 정보는 완전히 망각되어 버리나 장기기억에 저장된 정보는 적절할 때 언제든지 상기될 수 있으며 두뇌의 특정 부위에 자극을 가함으로써 아주 옛날 어린 시절의 경험까지도 기억해 낼 수 있다고 한다.

학자들은 망각의 원인에 대해 다양한 견해를 보인다. 기억장치 속에서 정보가 소멸하여 망각이 일어난다는 견해와 기억 장치 속에서 정보는 존재하지만 외부적인 간섭과 왜곡으로 인해 인출되지 못한다는 견해, 그리고 새로운 정보가 회상을 간섭하기 때문에 기억한 정보가 다시 활성화될 수 없어서 망각이 일어난다는 견해 등이 공존하고 있다. 이 중, 쇠퇴이론에 의하면 시간의 경과가 기억의 상실 또는 망각을 일으킨다고 하였다. 사람들이 영구기억 속에 있는 정보를 이용하지 않게 되면 그 정보는 기억으로부터 점차 사라져 버리게 된다. 또한 이전에 접했던 정보를 무시하고 새로운 정보에 주의를 돌릴 때 이전의 기억 흔적은 즉각적으로 쇠퇴하기 시작하고, 특정 시점에서 광고를 기억하는 사람 중 9%가 1주일 후에는 그 광고를 기억하지 못하며, 시간의 경과에 따라 광고에 대한 기억의 쇠퇴뿐 아니라 광고가 소비자의 선택에 미치는 영향마저도 감소한다고 하였다.

쇠퇴이론과는 달리 간섭이론은 다양한 새로운 정보의 입력은 기존 정보의 인출을 방해하게 되는데 이 때문에 망각이 야기된다고 보는 관점이다. 해당 정보는 기억장치 속에서 영구적으로 삭제되는 것은 아니라고 간주한다. 망각은 순행 간섭 또는 역행 간섭으로 나타날 수 있는데, 새로운 정보가 기억장치 속에 유입되면 단기기억에 저장되어 있던 기존 정보들의 상기를 방해하게 되는 현상을 순행 간섭이라고 한다. 반면 제한된 단기기억 용량이 모두 차버리게 되는 경우 망각현상이 나타나는데 이를 역행간섭이라고 한다. 단기기억의 용량의 한계로 인해 단기기억 체제 내에 들어온 새 정보가 먼저 있던 오래된 정보를 단기기억 구조 밖으로 밀어내어 회상을 불가능하게 만든다.

<보기>

ㄱ. 단기기억에서 장기기억으로 저장되는 이유는 망각되지 않는 특정 유형의 정보가 있기 때문이다.
ㄴ. 간섭이론에 따르면 기존에 알고 있었던 정보임에도 회상할 수 없게 되는 이유 중 하나는 한정된 단기기억의 용량 때문이다.
ㄷ. 순행 간섭이 일어나면 어떤 대상에 대해 새로 들어온 정보가 그 대상에 대한 기존 정보를 대체한다.

① ㄱ
② ㄴ
③ ㄱ, ㄷ
④ ㄴ, ㄷ
⑤ ㄱ, ㄴ, ㄷ

문 17. 다음 글의 내용이 참일 때, 반드시 참인 것만을 <보기>에서 모두 고르면?

> 생명과학과에 재학 중인 진경이는 분자생리학, 생리활성물질학, 식물생리학, 신경생리학, 심장혈관생리학 총 5가지 전공과목 중에서 다음 기준에 따라서 2020년도 2학기 수강신청을 진행하려고 한다.
>
> ○ 식물생리학을 듣거나 분자생리학을 듣지 않는다.
> ○ 생리활성물질학을 듣지 않으면 분자생리학을 듣지 않는다.
> ○ 식물생리학을 들으면 신경생리학을 듣는다.
> ○ 심장혈관생리학을 듣지 않거나 분자생리학을 듣는다.

<보기>

ㄱ. 분자생리학을 들으면 신경생리학을 듣는다.
ㄴ. 생리활성물질학을 듣지 않으면 심장혈관생리학도 듣지 않는다.
ㄷ. 심장혈관생리학을 들으면 신경생리학을 듣는다.

① ㄱ
② ㄴ
③ ㄱ, ㄷ
④ ㄴ, ㄷ
⑤ ㄱ, ㄴ, ㄷ

문 18. 다음 글의 내용이 참일 때, 반드시 참인 것은?

> 정부사업의 시행을 담당하는 한 TF팀이 주요사업으로 선정된 갑, 을, 병, 정, 무 사업 가운데 핵심사업 몇 가지를 별도로 정하려 하고 있다. 이에 관해 알려진 정보는 다음과 같다.
>
> ○ 채택되는 핵심사업의 개수는 3개 이하여야 한다.
> ○ 갑 사업이 핵심사업으로 채택되면, 을 사업이 핵심사업으로 채택되거나 병 사업이 핵심사업으로 채택되지 않는다.
> ○ 정 사업이 핵심사업으로 채택되지 않으면, 무 사업도 핵심사업으로 채택되지 않는다.
> ○ 을 사업과 정 사업이 동시에 핵심사업으로 채택되면, 병 사업도 핵심사업으로 채택된다.
> ○ 병 사업이 핵심사업으로 채택되고 갑 사업은 핵심사업으로 채택되지 않으면, 무 사업이 핵심사업으로 채택된다.
> ○ 갑은 반드시 핵심사업으로 채택돼야 한다.

① 갑 사업만 핵심사업으로 채택될 수는 없다.
② 정 사업이 핵심사업으로 채택된다면, 채택되는 핵심사업 수는 3개이다.
③ 병 사업이 핵심사업으로 채택된다면, 채택되는 핵심사업 수는 3개이다.
④ 2개 사업이 핵심사업으로 채택된다면, 그 2개 사업은 갑 사업, 을 사업이다.
⑤ 3개 사업이 핵심사업으로 채택된다면, 그 3개 사업은 갑 사업, 정 사업, 무 사업이다.

문 19. 다음 글의 내용이 참일 때, 반드시 참인 것만을 <보기>에서 모두 고르면?

A군청 수질관리과에 근무하는 갑 주무관은 중앙정부의 지방교부금을 이용하여 A군에서 '깨끗한 물 만들기' 추진사업을 성공적으로 진행하려 한다. 그런데 이때 중앙정부의 지방교부금 액수가 10억 원 미만이라면, A군이 진행 가능한 추진사업은 3개 이상이 될 수 없다. 그리고 A군이 진행 가능한 추진사업이 2개 이하일 수밖에 없다면, '깨끗한 물 만들기' 추진사업이 A군의 추진사업으로 채택되지 않거나, 'A군 내 수질오염 주요 원인 규명 조사'가 진행된다.

그러나 A군에 대한 중앙정부의 지방교부금 액수가 10억 원 이상이면, 'A군 내 수질오염 주요 원인 규명 조사'가 진행되고 '상수원 보호 민관협력 프로젝트'는 진행되지 않는다. 대신, '상수원 보호 민관협력 프로젝트'가 진행되지 않을 시, A군 주민들이 부담하는 지방세율도 인상되지 않는다.

한편, A군이 진행 가능한 추진사업이 3개 이상이 될 수 없고, '상수원 보호 민관협력 프로젝트'가 진행되지 않으면, 'A군 내 수질오염 주요 원인 규명 조사'가 진행될 수 없다고 한다. 다만 '깨끗한 물 만들기' 추진사업이 A군 추진사업으로 채택되지 않거나, A군 주민들에 부과되는 지방세율이 인상되지 않으면, 'A군 내 수질오염 주요 원인 규명 조사'가 진행된다.

그런데 지방교부금 액수는 10억 원 미만이었고, A군은 지방세율을 인상했다.

<보기>

ㄱ. 'A군 내 수질오염 주요 원인 규명 조사'는 진행될 수 없다.
ㄴ. 갑 주무관이 '깨끗한 물 만들기' 추진사업을 진행할 수 있을지 여부는 불분명하다.
ㄷ. A군은 최대 2개의 추진사업을 진행할 수 있고, '상수원 보호 민관협력 프로젝트'를 진행한다.

① ㄱ
② ㄴ
③ ㄷ
④ ㄴ, ㄷ
⑤ ㄱ, ㄴ, ㄷ

문 20. 다음 글에서 추론할 수 있는 것은?

다양한 시각 정보 중에서도 색상 정보는 맛과 향미 지각에 영향을 끼치는 중요한 요인이다. 맛과 구분되는 향미의 개념도 존재하는데 맛은 짠맛, 단맛과 같은 수용기가 존재하는 미각 정보의 지각 차원의 이야기라면, 향미는 더 폭넓게 입으로 섭취된 내용에 대해서 발생할 수 있는 전반적인 지각 경험을 말한다. 음식에서의 색상 정보는 우리의 생존과 관련하여 매우 중요한 역할을 한다. 본 연구에서는 초콜릿의 색이 초콜릿의 맛 지각에 실제로 영향을 끼치는지를 확인하고자 하였다.

첫 번째 실험에서 사용된 설문에서는 다섯 가지 색(빨간색, 노란색, 녹색, 파란색, 보라색)을 각각 같은 면적의 안을 채운 정사각형으로 제시하고, 각 색상에 대해 다섯 가지 맛(단맛, 짠맛, 신맛, 쓴맛, 감칠맛)이 연상되는 정도를 응답하도록 했다. 제시된 맛의 종류는 인간이 느끼는 오미를 기준으로 선정했다. 설문 결과 다섯 가지 색상 중 특정한 한 가지의 맛을 연상시키는 정도가 중간값 이상이면서 상대적으로 다른 색에 비해 유의하게 높았던 녹색, 노란색을 실험집단으로 선택하였다. 실험집단으로 선택된 색상의 초콜릿을 제작하기 위하여, 화이트초콜릿에 식용 색소를 섞어 사각형 모양의 틀에 부어 굳혔다. 초콜릿은 각각 흰색, 녹색, 노란색이며 동일한 모양과 질량이다. 실험에 사용된 식용색소는 향이 첨가되지 않았다.

두 번째 실험에서는 120명의 참가자가 여러 종류의 색상이지만 맛은 동일한 초콜릿을 한 개씩 시식한 후, 설문지를 작성하도록 했다. 설문지는 사전 설문지와 동일하게 단맛, 짠맛, 쓴맛, 신맛, 감칠맛의 정도를 물어보았다. 다섯 가지의 맛 중에서, 노란색과 녹색에서 강하게 연상되었던 신맛과 쓴맛, 그리고 초콜릿의 기본 맛인 단맛을 실험의 중요 요인으로 간주하여, 세 가지 맛만을 결과 분석에 이용하였다.

실험 결과, 노란색 초콜릿이 하얀색 및 녹색 초콜릿보다 더 신맛이 난다고 지각되었다. 녹색 초콜릿도 다른 두 색상의 초콜릿에 비해 쓴맛이 더 강하게 지각되었다.

① 각각의 음식들이 가지고 있는 지배적인 맛의 영향이 클수록 향미가 제공하는 정보는 중요하지 않게 된다.
② 같은 색상의 음식도 맛에 따라서 다른 색깔을 연상시킬 수 있다.
③ 음식에서의 색상 정보는 구체적으로 맛이나 맛의 강도에 영향을 주는 지표로 사용될 수 있다.
④ 음식의 색상이 맛 지각에 미치는 영향은 노란색보다는 녹색이 더 지배적이다.
⑤ 색상 정보가 맛 지각에 미치는 효과의 유무는 확인할 수 없다.

문 21. 다음 글의 <실험 결과>에 대한 판단으로 적절한 것만을 <보기>에서 모두 고르면?

식충식물 X는 주변 환경에 따라 씨앗을 퍼뜨리는 방법을 달리하는 것으로 알려져 있다. 지금까지 연구된 결과에 따르면 X는 열매 맺기, 씨앗주머니 터뜨리기, 갈고리 형태의 씨앗을 만들기, 이 세 가지 방식 중 한 가지 방식으로 씨앗을 퍼뜨린다고 한다.

<실 험>

한 과학자는 식충식물 X가 자라는 환경에 따라 X가 씨앗을 퍼뜨리는 방법이 어떻게 달라지는지를 연구하고자 한다. 그는 실험을 위해 온도, 습도, 풍속이 각각 일정한 세 실험실과 300개의 화분을 마련하여, 화분 하나에 X의 씨앗 하나씩을 심은 뒤 그 화분들을 각 실험실에 100개씩 배치해두었다. 각 실험실의 온도, 습도, 풍속은 다음과 같다.

	온도(℃)	습도(%)	풍속(m/s)
실험실Ⅰ	20	40	10
실험실Ⅱ	20	60	20
실험실Ⅲ	30	40	10

1개월 후, 각 실험실의 X들은 모두 문제없이 자라 씨앗을 퍼뜨릴 준비를 마쳤다. 그 1개월 동안 각 실험실의 온도, 습도, 풍속은 일정하게 유지됐고, 그 외 X의 생장에 영향을 미치는 다른 요인들에도 변함이 없었다.

<실험 결과>

○ 실험실Ⅰ: 40개 개체에서 씨앗주머니가, 10개 개체에서 갈고리 형태의 씨앗이 관찰되었으며, 나머지 개체는 모두 열매를 맺었다.
○ 실험실Ⅱ: 모든 개체에서 갈고리 형태의 씨앗이 관찰되었다.
○ 실험실Ⅲ: 20개 개체에서 씨앗주머니가, 10개 개체에서 갈고리 형태의 씨앗이 관찰되었으며, 나머지 개체는 모두 열매를 맺었다.

<보기>

ㄱ. 실험실Ⅰ과 Ⅱ의 <실험 결과>는, X가 자라는 환경의 풍속이 일정 수치를 넘어선다면 X가 오로지 갈고리 형태의 씨앗을 통해 씨앗을 퍼뜨린다는 가설을 강화한다.
ㄴ. 실험실Ⅱ와 Ⅲ의 <실험 결과>는, X가 자라는 환경의 온도가 X가 씨앗을 퍼뜨리는 방법에 어떤 영향도 미치지 않는다고 가정할 때, 습도가 높을수록 갈고리 형태의 씨앗을 만드는 X의 개체 수가 증가한다는 가설을 약화하지 않는다.
ㄷ. 실험실Ⅰ과 Ⅲ의 <실험 결과>는, X가 자라는 환경의 온도가 높을수록 씨앗주머니가 X에서 더 많이 관찰된다는 가설을 약화한다.

① ㄱ ② ㄷ
③ ㄱ, ㄴ ④ ㄴ, ㄷ
⑤ ㄱ, ㄴ, ㄷ

문 22. 다음 글의 ㉠을 지지하는 것만을 <보기>에서 모두 고르면?

꽃게는 개구리나 박쥐와 달리 다른 개체와 소통할 때 소리를 이용하지 않는다. 대신에 자연적인 수중음에 노출되면 꽃게는 등딱지 색깔을 주변 바위 등 환경과 유사한 색깔로 서서히 바꾼다. 꽃게의 몸 색깔이 변하는 것은 색소세포와 연관된 호르몬 때문이다. 이 호르몬은 수중음의 음량에 따라 분비량이 조절되어 몸 색깔을 바꾸는 데 필요한 에너지를 적당히 맞추어 나간다. 이 호르몬의 분비는 보호색 능력뿐 아니라 성장 과정에서 허물을 벗는 탈피과정에도 영향을 미친다.

그러나 남서부 길링베이스 해변에서 꽃게들을 면밀히 관찰한 엑서터대학 연구진은 인위적인 소음에는 보호색 능력이 정상적으로 발현되지 않는다고 보고했다. 연구진은 이 관찰결과를 통해 ㉠ 인공적인 소음공해가 꽃게의 생존에 좋지 않은 영향을 미친다고 추정했다. 꽃게가 유람선이나 유조선, 컨테이너선 등의 인공적인 소음공해에 노출되면 그로 인해 스트레스를 받게 된다. 이것이 누적되어 분비되던 호르몬의 균형이 파괴되며, 그로 인해 보호색 기능이 약화된다. 보호색의 발현이 제대로 되지 않으면 천적에게 그대로 노출된다. 게다가 사람들이 스트레스를 받을 때 집중력이 떨어지는 것과 유사한 현상으로, 포식자의 접근이나 공격에 대응하지 못한다. 연구진은 뒤이어 “인공적인 소음공해로 인한 스트레스는 탈피 속도마저 늦출 수 있다. 탈피가 늦어져 성장하지 못하는 꽃게는 더더욱 취약할 수밖에 없다”고 덧붙였다.

<보기>

ㄱ. 유람선의 소음에 장시간 노출된 꽃게는 외부의 공격에 전혀 반응하지 않았다.
ㄴ. 소음공해에 반응이 없던 꽃게에게 그와 동일한 음량의 자연적인 수중음을 들려주었더니 꽃게의 등딱지 색깔이 주변과 비슷하게 변했다.
ㄷ. 비슷한 시기에 서식을 시작한 꽃게들 중, 멀리 떨어진 한적한 해변에 비해 유조선이 다니는 뱃길 주변에 유독 작은 개체가 많았다.
ㄹ. 인위적인 소음공해의 강도를 세게 높였더니 이에 노출된 꽃게의 호르몬 분비량이 급격히 증가해 보호색을 더 빠르게 띠었다.

① ㄱ, ㄴ
② ㄱ, ㄷ
③ ㄴ, ㄷ
④ ㄴ, ㄹ
⑤ ㄷ, ㄹ

문 23. 다음 글의 빈칸에 들어갈 내용으로 가장 적절한 것은?

> 갑: 안녕하십니까. A혁신도시 공공기관 연관산업 기업유치 지원 사업에 지원하려는 B연구소의 직원입니다. 지원사업의 내용을 알고 싶습니다.
> 을: 예. 우리 A시의 공공기관과 연관산업에 한하여 3년간 임차료 및 부지, 건축비 이자를 지원하고 있습니다. 지원대상은 A혁신도시 클러스터 부지 내에 사무공간을 임차하거나 직접 분양받아 입주 또는 건축하는 기업이어야 합니다. 사무공간에 대한 임차료 지원은 월 임대료가 100만 원 이하인 경우엔 80% 이내의 임차료를 지원하며, 100만 원 초과 200만 원 이하는 70% 이내, 200만 원 초과 300만 원 이하는 60% 이내, 300만 원 초과에는 50% 이내에서 임차료를 지원하게 됩니다. 대출금은 이자를 지원하게 됩니다. 대출 원금이 6억 원 이하인 경우 이자액의 80% 이내를 지원하며 6억 원 초과 12억 원 이하는 이자액의 70% 이내를 지원하고, 12억 원을 초과하는 경우 이자액의 50% 이내의 금액을 지원할 예정입니다. 이는 임차료의 월별 총액이나 대출금 이자의 총액을 기준으로 지원합니다.
> 갑: 네. 저는 대학이나 대학 부속 연구소도 입주하게 되는 경우 지원을 받을 수 있다고 알고 있는데요. 맞습니까? 저희는 이미 지자체와 MOU를 체결하고 있는 상황입니다.
> 을: 혹시 클러스터 부지 외에 입주하셨나요? 그렇다면 혁신도시 입주 기관이면서 지자체와 MOU를 체결했다는 조건으로는 지원을 받을 수 있을 것입니다. 지원하시려는 분야가 임차료 지원이신가요? 대출금 이자 지원인가요? 중복지원은 불가한 상황입니다. 또한 지원하는 시점은 2021.1.1. 이후 임차가 발생한 시기를 기준으로 하여 분기별 지원을 3년간 하게 됩니다. 임대료 지원의 경우 월 2백만 원을 초과하지 않는 범위에서만 지원합니다.
> 갑: 현재 저희는 클러스터 부지에 있는 20층 건물의 두 층을 임대하여 지난 2021.5.1.부터 사용하고 있습니다. 그리고 두 층의 임대료를 모두 합하면 280만 원에 해당합니다.
> 을: 그렇다면 지원은 [　　　　　　　　]

① 2021.1.1.을 기준으로 시작하며, 임대료를 모두 합한 금액을 보내드리게 됩니다.
② 2021.5.1.을 기준으로 지원을 시작하며, 한 층에 대한 임대료의 60% 이내에서 이뤄지게 됩니다.
③ 2021.5.1.을 기준으로 월 2백만 원씩 보내드리겠습니다.
④ 월 2백만 원을 초과하지 않는 범위에서 이자액의 70%에 대해 이뤄집니다.
⑤ 2021.5.1.을 기준으로 시작하며, 임대료를 모두 합한 금액의 60% 이내에서 이뤄지게 됩니다.

문 24. 다음 글의 빈칸에 들어갈 내용으로 가장 적절한 것은?

> 갑: 안녕하십니까. 저는 지역 공립 박물관의 학예팀장으로 근무하고 있습니다. 제가 「부정청탁 및 금품 등 수수의 금지에 관한 법률」(이하 '청탁금지법')을 위반했는지 알고 싶습니다. 저는 지난 7월 26일 A재단에서 외부강의를 하고 사례금을 받았습니다.
> 을: 예. 청탁금지법에 따르면 공직자 등은 자신의 직무와 관련되거나 그 직위 · 직책 등에서 유래되는 사실상의 영향력을 통하여 요청받은 교육의 대가로 대통령령으로 정하는 금액을 초과하는 사례금을 받아서는 안 됩니다. 귀하는 '공직자'에 해당하는 경우로 보아 외부강의 사례금의 상한액은 40만 원입니다. 사례금을 얼마나 받으셨습니까?
> 갑: 3시간의 강의를 하고 61만 원을 받았습니다.
> 을: 그렇다면 초과액은 제공자에게 돌려줘야 합니다. 그러나 무엇보다도 먼저 공직자 등의 경우 사례금을 받고 외부강의를 할 때는 본인의 소속기관장에게 외부강의 요청 명세 등을 알려야 합니다. 미리 알리지 않았더라도 외부강의를 마친 날부터 10일 이내에 서면으로 신고해야 합니다. 혹시 귀하께서 강의한 곳이 국가나 지방자치단체입니까?
> 갑: 아닙니다. 제가 강의한 A재단은 사립재단으로 알고 있습니다.
> 을: 오늘은 8월 1일이므로 10일이 초과되지 않았다고 생각합니다. A재단에서 강의한 내용을 소속기관장에게 알리는 것이 우선일 것 같습니다. 그리고 말씀하신 수령 금액은 '청탁금지법' 제23조 제4항에 따라서 신고 및 반환 조치를 하지 아니한 공직자들에게는 500만 원 이하의 과태료를 부과하게 됩니다. 그러므로 [　　　　　　　　]

① 61만 원을 A재단에 돌려줘야 합니다.
② 소속기관장에게 알리지 않은 외부강의이기 때문에 과태료를 부과받습니다.
③ 10일 이내에 21만 원을 A재단에 돌려주면 과태료를 부과받지 않습니다.
④ 소속기관장에게 외부강의 사실을 알렸다는 전제하에 40만 원을 A재단에 돌려줘야 합니다.
⑤ 소속기관장에게 외부강의 사실을 알리고 40만 원을 제외한 금액을 A재단에 돌려줘야 합니다.

문 25. 다음 글의 <논쟁>에 대한 분석으로 적절한 것만을 <보기>에서 모두 고르면?

갑, 을은 「게임산업법」 제5조에 대한 해석을 놓고 논쟁하고 있다. 그 내용은 다음과 같다.

> 제5조(전문인력의 양성) ① 국가 또는 지방자치단체는 게임산업에 관한 전문인력의 양성을 위하여 다음 각 호의 사항에 관한 계획을 수립·시행하여야 한다.
> 1. 게임산업에 관한 전문인력의 수급분석 및 인적자원 개발
> 2. 게임산업에 관한 전문인력의 양성을 위한 학계, 산업체 및 공공기관과의 협력 강화
>
> ② 정부는 게임산업 전문인력의 양성을 위하여 대통령령이 정하는 바에 따라 대학·연구기관 그 밖의 전문기관을 전문인력 양성기관으로 지정하고 교육 및 훈련에 필요한 비용의 전부 또는 일부를 지원할 수 있다.
>
> ③ 정부는 제2항에 따라 지정된 전문인력 양성기관이 다음 각 호의 어느 하나에 해당하는 때에는 그 지정을 취소할 수 있다. 다만, 제1호에 해당하는 경우에는 그 지정을 취소하여야 한다.
> 1. 거짓이나 그 밖의 부정한 방법으로 지정을 받은 경우
> 2. 정당한 사유 없이 1년 이상 계속하여 인력양성 교육훈련을 하지 아니한 경우
> 3. 지정기준에 적합하지 아니하게 된 경우

<논 쟁>

쟁점 1: T대학의 게임학과의 유일한 교수인 P가 프로그래머로서의 경력으로 교수가 되었으나, P가 과거 감독을 맡았던 팀이 승부조작을 했음이 밝혀졌다. 갑은 T대학 게임학과의 유일한 교수가 부정한 방법으로 교수직을 맡았다고 보고 전문인력 양성기관 지정을 취소해야 한다고 주장한다. 을은 게임학과 교수의 부정 의혹이 있지만 그것이 거짓이나 부정한 방법으로 전문인력 양성기관으로 지정받은 것은 아니기 때문에 지정을 취소할 수 없다고 주장한다.

쟁점 2: P가 승부조작사건 수사에 협조하고 책임을 지기 위해 교수직에서 사임했다. 그 결과 게임학과의 전공수업이 폐강되었고 이로 인해 다음 해의 신입생 모집을 할 수 없게 되었다. 갑은 정당한 사유 없이 1년 이상 계속하여 인력양성 교육 훈련을 할 수 없는 경우이기 때문에 전문인력 양성기관 지정을 취소해야 한다고 주장한다. 반면 을은 교수 개인의 과거 행적으로 인해 교육 훈련이 중단된 경우이므로 전문인력 양성기관 지정을 취소할 수 없다고 주장한다.

<보기>

ㄱ. 쟁점 1과 관련하여, 갑은 P의 교수 임명이 전문인력 양성기관 지정의 근거가 되었다고 생각하지만, 을은 그렇지 않다고 생각한다고 하면, 갑과 을 사이의 주장 불일치를 설명할 수 있다.

ㄴ. 쟁점 2와 관련하여, 개인 사유로 인한 교육자의 부재가 제3항제2호의 정당한 사유에 해당하는지에 대해 갑과 을이 다르게 생각한다면, 갑과 을 사이의 주장 불일치를 설명할 수 있다.

ㄷ. 쟁점 2와 관련하여, 제3항제3호의 지정기준에 전문성을 가진 교수자를 갖출 것이 포함되어 있지 않다면, 갑의 주장은 옳고 을의 주장은 그르다.

① ㄱ
② ㄴ
③ ㄱ, ㄴ
④ ㄴ, ㄷ
⑤ ㄱ, ㄴ, ㄷ

상황판단영역

문 1. 다음 글을 근거로 판단할 때 옳은 것은?

제□□조 중앙행정기관의 장의 적극행정 추진에 관한 다음 각 호의 사항을 심의하기 위해 중앙행정기관에 적극행정위원회(이하 "위원회"라 한다)를 둔다.
1. 적극행정 실행계획의 수립에 관한 사항
2. 제△△조에 따라 공무원이 위원회에 직접 의견 제시를 요청한 사항
3. 적극행정 우수공무원 선발 및 우수사례 선정에 관한 사항
4. 면책 건의에 관한 사항

제○○조 ① 위원회는 위원장 1명을 포함하여 9명 이상 45명 이하의 위원으로 성별을 고려하여 구성한다. 이 경우 위원의 2분의 1 이상은 민간위원으로 한다.
② 위원회의 위원장은 해당 중앙행정기관의 차관급 공무원(해당 중앙행정기관의 장이 차관급 공무원인 경우에는 부기관장인 고위공무원단에 속하는 일반직공무원 또는 이에 상당하는 공무원을 말한다) 또는 민간위원 중에서 중앙행정기관의 장이 정한다.
③ 위원회의 위원은 해당 중앙행정기관의 업무에 대한 전문지식과 경험이 풍부한 사람 및 관계 공무원 중에서 중앙행정기관의 장이 임명하거나 위촉하되, 공공부문 또는 민간부문의 감사부서에서 근무하고 있거나 근무한 경력이 있는 사람을 포함해야 한다.
④ 위원회의 회의는 위원장과 위원장이 회의마다 지정하는 8명 이상의 위원으로 구성한다. 이 경우 위원의 성별을 고려해야 하며, 위원의 2분의 1 이상은 민간위원으로 한다.
⑤ 위원회의 회의는 제4항에 따른 구성원 과반수의 출석으로 개의(開議)하고, 출석위원 과반수의 찬성으로 의결한다.

제△△조 공무원은 인가 · 허가 · 등록 · 신고 등과 관련한 규제나 불명확한 법령으로 인해 업무를 적극적으로 추진하기 곤란한 경우에는 위원회에 직접 해당 업무의 처리 방향 등에 관한 의견의 제시를 요청할 수 있다.

① 적극행정 위원회의 위원장은 차관급 공무원 중에서 임명한다.
② 위원회 회의가 위원장을 포함한 37인의 위원으로 구성된 경우 회의를 열기 위해서는 18인 이상이 출석해야 한다.
③ 중앙행정기관의 장은 해당 중앙행정기관의 업무에 대한 전문지식과 경험이 풍부하다면 민간인이라도 위원으로 임명할 수 있다.
④ 적극행정 위원회는 과도한 민원처리 업무로 인해 적극적인 행정이 곤란하다고 판단한 공무원이 직접 의견제시를 요청한 사항에 대한 심의를 담당한다.
⑤ 적극행정 우수사례 선정을 위해 개최된 회의에 공무원 4인을 포함한 총 구성원 9명 중 민간위원 3인을 포함한 5인이 출석하였다면 개의할 수 없다.

문 2. 다음 글을 근거로 판단할 때, 옳은 것은?

□□법 제○○조 ① 주택임대관리업을 하려는 자는 시장 · 군수 · 구청장에게 등록할 수 있다. 다만, 100호 이상의 범위에서 대통령령으로 정하는 규모 이상으로 주택임대관리업을 하려는 자는 등록하여야 한다.
② 제1항에 따라 등록하는 경우에는 자기관리형 주택임대관리업과 위탁관리형 주택임대관리업을 구분하여 등록하여야 한다. 이 경우 자기관리형 주택임대관리업을 등록한 경우에는 위탁관리형 주택임대관리업도 등록한 것으로 본다.
③ 제1항에 따라 등록한 자가 등록한 사항을 변경하거나 말소하고자 할 경우 시장 · 군수 · 구청장에게 신고하여야 한다.
④ 시장 · 군수 · 구청장은 제3항에 따른 신고를 받은 날부터 5일 이내에 신고수리 여부를 신고인에게 통지하여야 한다.
⑤ 시장 · 군수 · 구청장이 제4항에서 정한 기간 내에 신고수리 여부를 신고인에게 통지하지 아니하면 그 기간이 끝난 날의 다음 날에 신고를 수리한 것으로 본다.

◇◇시행령 제△△조 □□법 제○○조 제1항 단서에서 "대통령령으로 정하는 규모"란 다음 각 호의 구분에 따른 규모를 말한다.
1. 자기관리형 주택임대관리업의 경우
   가. 단독주택: 100호
   나. 공동주택: 100세대
2. 위탁관리형 주택임대관리업의 경우
   가. 단독주택: 300호
   나. 공동주택: 300세대

① 주택임대관리업을 등록한 甲이 변경 신고를 구청장에게 할 경우 구청장이 5일 이내에 신고 수리 여부를 통지하지 않으면 5일째 되는 날에 신고를 수리한 것으로 본다.
② 공동주택 100세대를 대상으로 위탁관리형 주택임대관리업을 하려는 乙은 주택임대관리업 등록을 하여야 한다.
③ 단독주택 300호를 위탁관리형 주택임대관리업으로 등록한 丙은 자기관리형 주택임대관리업도 등록한 것으로 본다.
④ 단독주택 200호를 자기관리형 주택임대관리업으로 등록한 丁은 주택임대관리업을 그만 두기 위해 등록 말소 시 시장 · 군수 · 구청장에게 신고할 의무가 없다.
⑤ 단독주택 100호를 통해 위탁관리형 주택임대관리업을 하려는 戊는 주택임대관리업 등록 의무가 없다.

문 3. 다음 글을 근거로 판단할 때, 옳은 것은?

제○○조 ① 국가는 항공박물관(이하 "박물관"이라 한다)의 설립 당시 국토교통부장관이 관리하던 국가 소유 박물관자료의 전문적인 보존·연구를 위하여 그 관리를 박물관에 위탁할 수 있다.
② 박물관이 소유하거나 제1항에 따라 국가로부터 관리 위탁을 받은 박물관자료를 관리하는 업무를 수행하는 임직원은 박물관자료의 관리에 관한 법령 및 관련 규정을 준수하는 것 외에 선량한 관리자로서의 주의의무를 준수하여야 한다.
제□□조 ① 항공박물관장은 그 업무를 수행하기 위하여 특히 필요한 때에는 국토교통부장관의 승인을 받아 관계 행정기관 또는 교육기관의 장(이하 "교육감"이라 한다)에게 소속 공무원 등의 파견을 요청할 수 있다.
② 제1항에 따라 공무원 등의 파견요청을 받은 관계 행정기관 또는 교육감은 소속 직원을 박물관에 파견할 수 있다.
제△△조 ① 국토교통부장관은 박물관을 지도·감독하고, 필요하다고 인정하는 때에는 박물관에 대하여 그 사업에 관한 권고 또는 명령을 할 수 있다.
② 국토교통부장관은 정해진 기준과 절차 등에 따라 박물관에 대한 운영평가를 하고, 그 결과에 따라 필요한 조치를 마련하여야 한다.
③ 국토교통부장관은 필요하다고 인정하는 때에는 박물관에 대하여 그 업무·회계 및 재산에 관한 사항을 보고하게 하거나 검사할 수 있다.

① 국토교통부장관은 관리하던 국가 소유 박물관자료의 전문적인 보존 등을 위해 그 관리를 박물관에 위탁할 수 있다.
② 국가에 의해 위탁받은 박물관자료의 관리업무를 맡은 직원은 관련 법령과 규칙만을 준수하여 관리업무를 수행해야 한다.
③ 항공박물관장이 업무수행을 위해 교육감에게 공무원의 파견을 요청하기 위해서는 국토교통부장관의 승인이 필요하다.
④ 국토교통부장관은 항공박물관에 대해 운영평가를 한 결과 필요하다고 인정되는 경우 사업에 대한 권고를 해야 한다.
⑤ 항공박물관장은 국토교통부장관이 필요하다고 인정하는 때 직원들로 하여금 그 업무에 대한 사항을 보고하게 할 수 있다.

문 4. 다음 글을 근거로 판단할 때, 옳은 것은?

제○○조 ① 다음 각 호의 어느 하나에 해당하는 사람이 사망하면 그 유족에게 유족연금을 지급한다.
1. 노령연금 수급권자
2. 국민연금 가입기간이 10년 이상인 가입자 또는 가입자였던 자
3. 연금보험료를 낸 기간이 가입대상기간의 3분의 1 이상인 가입자 또는 가입자였던 자
4. 사망일 5년 전부터 사망일까지의 기간 중 연금보험료를 낸 기간이 3년 이상인 가입자 또는 가입자였던 자. 다만, 가입대상기간 중 체납기간이 3년 이상인 사람은 제외한다.
5. 장애등급이 2급 이상인 장애연금 수급권자

② 제1항에도 불구하고 같은 항 제3호 또는 제4호에 해당하는 사람이 다음 각 호의 기간 중 사망하는 경우에는 유족연금을 지급하지 아니한다.
1. 공무원, 군인, 교직원 및 별정우체국 직원으로 재직 기간
2. 국외이주·국적상실 기간

제△△조 ① 유족연금을 지급받을 수 있는 유족은 제○○조 제1항 각 호의 사람이 사망할 당시 그에 의하여 생계를 유지하고 있던 다음 각 호의 자로 한다.
1. 배우자
2. 자녀. 다만, 25세 미만이거나 장애등급 2급 이상인 자만 해당한다.
3. 부모(배우자의 부모를 포함한다). 다만, 60세 이상이거나 장애등급 2급 이상인 자만 해당한다.

② 유족연금은 제1항 각 호의 순위에 따라 최우선 순위자에게만 지급한다. 다만, 제1항제1호에 따른 유족의 수급권이 소멸되거나 정지되면 제1항제2호에 따른 유족에게 지급한다.
③ 제2항의 경우 같은 순위의 유족이 2명 이상이면 그 유족연금액을 똑같이 나누어 지급한다.

① 甲의 사망으로 유족연금 수급권이 甲의 배우자에게 생겼으나 甲 배우자의 수급권이 소멸되는 경우, 아들(30세, 장애등급 2등급)은 유족연금을 수급하지 못한다.
② 노령연금의 수급자가 아닌 乙이 연금가입기간 9년 중 4년만 연금보험료를 냈다면, 그 유가족은 유족연금을 받지 못한다.
③ 사망일 5년전부터 사망일까지 기간이 전부 가입대상기간인 丙이 가입대상기간 중 2년을 체납했다고 하더라도 丙의 유가족은 유족연금을 지급받을 수 있다.
④ 만일 노령연금의 수급자가 가진 유족연금 수급권이 소멸되거나 정지되면 유족연금은 가입기간이 10년 이상인 가입자 또는 가입자였던 자에게 지급한다.
⑤ 연금보험료를 가입대상기간인 8년 동안 꾸준히 낸 丁(군인, 60세)에게 배우자, 아들(25세), 딸(20세), 둘째 딸(17세)가 있다면 丁이 훈련 중 사망한 경우 배우자만 유족연금을 지급받게 된다.

문 5. 다음 글을 근거로 판단할 때, 옳지 않은 것은?

> 절기(節氣)란 태양년을 태양의 황경에 따라 24등분한 기후의 표준점을 말한다. 여기에서 황경이란 태양이 춘분에 지나는 점을 기점으로 황도에 따라 움직인 각도를 말한다. 황경이 15° 커질 때 마다 절기가 바뀌게 된다. 예를 들어서 황경이 0°일 때가 춘분, 황경이 315°일 때가 입춘이다.
>
> 경칩(驚蟄)은 24절기 중 세 번째 절기로, 태양의 황경이 345°에 이르는 때이다. 양력으로는 3월 5일 무렵이다. 경칩 무렵에는 겨울을 지나 기온이 날마다 상승하여 봄으로 향하게 되어 다음 절기에는 봄이 된다. 이에 조선시대에는 경칩을 만물이 생동하는 시기라고 불렀다. 조선시대 왕실에서는 왕이 경칩 이후 갓 나온 벌레나 갓 자라는 풀을 상하지 않도록 불을 놓지 못하게 명을 내리기도 하였다. 『성종실록(成宗實錄)』에서도 경칩에는 농기구를 정비하여 농사를 준비하는 중요한 절기로 보았다.
>
> 춘분(春分)은 일반적으로 양력으로 약 3월 21일 전후, 음력으로는 2월에 드는 절기이다. 춘분에는 태양이 적도 위를 비추어 낮과 밤의 길이가 같다. 그리고 춘분을 기점으로 해서 밤보다 짧았던 낮의 길이가 점점 길어진다. 춘분은 만물이 겨울을 지나 잠에서 깨어난다는 경칩(驚蟄)과 하늘이 점점 맑아진다는 뜻의 청명(淸明)의 사이의 절기이다.
>
> 청명은 음력으로 3월, 양력으로는 4월 5일 무렵에 든다. 청명 무렵에 논밭에 가래질을 시작하며 이는 실질적인 논농사의 준비 작업이 된다. 청명에는 날씨와 관련된 여러 미신이 있는데 농부들은 청명에 날씨가 좋으면 그 해 농사가 잘되고 날씨가 안 좋으면 농사가 잘 안된다고 여기기도 한다. 또한 어부들은 청명에 날씨가 좋으면 어종이 많아져서 어획량이 증가한다고 생각한다. 하지만 경남 사천에서는 청명에 날씨가 너무 맑으면 농사가 시원치 않다고 생각하기도 한다.

① 춘분(春分)은 24절기 중 황경이 0°일 때의 첫 번째 절기로서 양력 3월 무렵이다.
② 입춘과 춘분 사이에는 2개의 절기가 있다.
③ 경칩에는 밤의 길이가 낮보다 길다.
④ 어떤 지역의 농부의 경우, 청명에 날씨가 지나치게 좋지 않으면 그 해 농사가 잘 되지 않을 것이라고 생각하기도 할 것이다.
⑤ 춘분 무렵은 이미 겨울을 지나 계절이 봄이 된다.

문 6. 다음 글을 근거로 판단할 때, <보기>에서 옳은 것만을 모두 고르면? (단, ㉠에 들어가는 숫자는 10 이상의 자연수이다.)

> 1부터 (㉠)까지 자연수인 번호가 적힌 사물함 (㉠)개가 닫혀 있다. 첫 번째 사람은 모든 사물함의 문을 열고, 두 번째 사람은 2의 배수가 적힌 사물함의 문을 모두 닫는다. 세 번째 사람은 3의 배수가 적힌 사물함의 문에 대하여 열려 있는 문은 닫고, 닫혀 있는 문은 연다. 네 번째 사람은 4의 배수가 적힌 사물함의 문에 대하여 열려 있는 문은 닫고, 닫혀 있는 문은 연다. 이렇게 (㉠)명의 사람이 모두 지나간다면 열려 있는 문은 모두 몇 개일까?

<보기>

ㄱ. 모든 사람들이 지나간 이후에 문이 열려 있는 사물함의 번호는 홀수일 것이다.
ㄴ. 모든 사람들이 지나간 이후에 문이 닫혀 있는 사물함의 번호는 약수의 개수가 짝수일 것이다.
ㄷ. ㉠이 27인 경우 모든 사람들이 지나간 이후에 문이 열려 있는 사물함의 수는 ㉠이 34인 경우와 다를 것이다.

① ㄱ
② ㄴ
③ ㄷ
④ ㄱ, ㄷ
⑤ ㄴ, ㄷ

문 7. 다음 글을 근거로 판단할 때 항상 참인 것을 고르면?

A, B, C, D 네 사람은 식사, 음료, 후식을 각각 한 종류씩 먹었다. 식사는 한식, 중식, 일식이 있었으며, 음료는 주스, 커피, 생수가 있었다. 또한 후식은 케이크, 마카롱, 아이스크림이 있었다. 甲은 힌트를 통해 A ~ D가 무엇을 먹었는지 추론하고자 한다.

○ A ~ D 네 사람 중 두 사람만 한식을 먹었다.
○ A ~ D 네 사람 중 두 사람만 주스를 마셨다.
○ A ~ D 네 사람 중 두 사람만 케이크를 먹었다.
○ 각 식사, 음료, 후식의 경우 최소 한 사람 이상 먹었다.
○ 한식을 먹은 사람은 커피를 마시지 않았다.
○ 마카롱을 먹은 사람은 주스를 마셨다.
○ A는 커피를 마셨거나, 주스를 마셨다.
○ C는 생수를 마시지 않았고, 일식을 먹지 않았다.
○ B는 케이크를 먹지 않았고, 한식을 먹지 않았다.
○ D는 커피를 마셨다. 그리고 찬 것을 싫어해서 아이스크림은 먹지 않았다.

① B와 C는 한식을 먹었다.
② C가 마카롱을 먹었다면, A는 케이크를 먹었다.
③ D는 주스를 먹었거나, 마카롱을 먹었다.
④ A는 마카롱을 먹지 않았다.
⑤ B가 일식을 먹었다면, D는 한식을 먹었다.

문 8. 다음 글과 <상황>을 근거로 판단할 때, 트레이드에서 제외되는 선수를 모두 고르면?

2021년 A팀에서 고려하고 있는 트레이드 대상자는 아래와 같다.

<트레이드 대상자>

이름	포지션	계약 기간	연봉(만 원)
선호	공격수	2019년 7월 ~ 2022년 2월	17,000
규재	수비수	2017년 3월 ~ 2021년 9월	21,000
동연	미드필더	2018년 6월 ~ 2023년 5월	18,500
우혁	수비수	2019년 3월 ~ 2024년 7월	30,000
지명	미드필더	2020년 2월 ~ 2022년 6월	25,000
주형	골키퍼	2017년 3월 ~ 2022년 3월	9,000

<상황>

A팀은 협상력과 팀의 재정을 고려해서 2021년 8월을 기준으로 <트레이드 대상자>에 오른 선수가 다음 조건 중 두 개 이상의 조건에 해당하는 경우, 트레이드에서 제외한다.

○ 계약 기간이 만 3년 이상
○ 연봉 2억 원 미만이면서 남은 계약 기간이 만 1년 이상, 연봉 2억 원 이상이면서 남은 계약 기간이 만 1년 미만
○ 포지션이 수비수 또는 골키퍼인 경우

① 선호, 동연, 지명
② 규재, 동연, 우혁
③ 동연, 우혁, 지명
④ 규재, 동연, 우혁, 지명
⑤ 규재, 동연, 우혁, 주형

※ 다음 글을 읽고 물음에 답하시오. [문 9. ~ 문 10.]

예비타당성 조사란 대규모 국가예산이 필요한 신규 사업에 대한 예산 편성 및 기금운용 계획을 수립하기 위하여 기획재정부장관 주관으로 실시하는 사전적인 타당성 검증 · 평가를 말한다. 사업의 타당성을 객관적, 중립적 기준에 따라 사전에 검증하고, 예산 낭비와 사업 부실화를 방지하며 재정 운영의 효율성을 높이기 위해 도입됐다. 사업의 향후 추진여부, 적정 사업시기, 사업규모 등에 대한 합리적 의사결정이 이뤄질 수 있도록 각 부처가 수립한 사업계획의 타당성 및 대안, 사업추진과정에서 고려할 점 등을 검토한다. 따라서 사업의 경제성, 정책성(사업추진 여건, 정책효과 등), 기술성, 지역균형발전 등을 종합적으로 고려해 평가하고 있다.

예비타당성 조사 대상사업은 총사업비 규모가 500억 원 이상이고 국가의 재정지원이 300억 원 이상인 신규 사업이다. 건설공사가 포함된 사업, 정보화 사업 및 국가연구개발 사업 등 대규모사업에 대한 예산편성 및 기금운용계획을 수립하기 위해 실시한다. 다만, 정부가 국가재정법에 따라 국무회의를 거쳐 국가균형발전 프로젝트 추진을 위한 사업으로 확정한 사업들은 예비타당성 조사에서 면제된다. 선정된 프로젝트는 R&D투자 등을 통한 지역 전략산업 육성 사업, 지역산업을 뒷받침할 도로 · 철도 등 인프라 확충 사업, 전국 권역을 연결하는 광역 교통 · 물류망 구축 사업, 지역 생활환경의 개선 및 지역주민의 삶의 질 향상을 위한 사업 등 4개 분야로 나누어지는데 각 분야별로 5~7개의 구체적인 사업계획이 확정되었다.

예비타당성 조사의 진행절차는 조사요구와 대상사업 선정으로 크게 나누어 볼 수 있다. 각 중앙행정기관(부처) 장은 예비타당성 조사 대상에 해당하는 사업을 예산안이나 기금운용계획안에 반영하고자 하는 경우에 기획재정부 장관에게 예비타당성조사를 요구할 수 있다. 기획재정부 장관은 예산편성과 기금운용계획 수립 등과 관련해 필요하다고 인정하는 경우 해당 중앙행정기관 장의 요구가 없더라도 예비타당성 조사를 실시할 수 있다. 중앙행정기관의 장은 사업시행 전전년도까지 기획재정부 장관에게 조사 요구가 가능하며, 매년 4회(분기별 1회), 예비타당성조사 운용지침의 양식에 따라 조사 요구서를 제출해야 한다. 각 중앙행정기관의 장이 2개 이상의 사업을 요구할 경우에는 사업간 우선순위 반영해 조사 요구서를 제출하여야 한다.

대상사업은 기획재정부 장관이 대상사업 선정기준에 따라 각 중앙관서의 예비타당성 요구 사업을 검토한 후 재정사업 평가위원회의 심의를 거쳐 선정한다.

문 9. 윗글을 근거로 판단할 때, <보기>에서 옳은 것만을 모두 고르면?

<보기>

ㄱ. 예비타당성 조사는 대규모 재정사업의 목표와 실적 등을 검토하여 투자의 성과를 조사하고 이를 다음 투자에 반영하려는 목적으로 실시되는 사후적 평가방식이다.

ㄴ. 기획재정부 장관은 중앙행정기관 장의 조사요구가 없더라도 직권으로 예비타당성 조사를 실시할 수 있다.

ㄷ. 총사업비 규모가 2,500억 원이고, 이 중 국가의 재정지원이 10%인 민원처리업무 정보화 사업은 예비타당성 조사의 대상이 된다.

ㄹ. 2023년 사업시행예정인 3개의 사업에 대해 건설교통부 장관이 예비타당성조사 요구서를 제출하는 경우, 요구서의 제출은 2021년 까지 이루어져야 하며 3개 사업의 우선순위를 반드시 반영해 요구서를 제출하여야 한다.

① ㄱ, ㄴ
② ㄱ, ㄹ
③ ㄴ, ㄷ
④ ㄴ, ㄹ
⑤ ㄷ, ㄹ

문 10. 윗글을 근거로 판단할 때, 국가균형발전 프로젝트 대상 사업의 4개 분야와 다음의 <구체적 사업 분야>가 올바르게 연결된 것은?

<구체적 사업 분야>

ㄱ. 현재 4시간대인 수도권에서 경북 · 경남까지의 운행시간을 2시간대로 단축시키기 위한 남부내륙철도 건설 사업

ㄴ. 제주도의 공공하수처리시설을 지하화하는 사업

ㄷ. 헬스케어, 에너지 등 기존 사업과 인공지능을 융합한 인공지능(AI) 집적단지를 광주광역시에 조성하는 사업

ㄹ. 충청남도 서북부 철도물류의 활성화를 위해 서해선 복선전철과 충남 석문산업단지를 연결하는 인입철도 건설 사업

	대상사업	구체적 사업분야
①	지역 전략산업 육성	ㄱ
②	지역 교통 인프라 확충	ㄴ
③	광역 교통 · 물류망 구축	ㄹ
④	지역주민 삶의 질 향상	ㄷ
⑤	지역 교통 인프라 확충	ㄹ

문 11. 다음 글과 <상황>을 근거로 판단할 때, 甲이 대한민국 정부에 지불해야할 총 수수료 금액은?

배타적 경제수역이란 해양법에 관한 국제연합 협약에 의거하여 연안국의 연안에서 200해리 거리까지 설정된 거리 내에 포함하는 해역이다. 연안국은 배타적 경제 수역에 대해 해양 자원의 탐사 · 연구 · 경제적 이용에 대한 주권적 권리가 인정된다.

대한민국 법률에 따르면, 외국인이 대한민국이 관할하는 배타적 경제수역에서 시험 · 연구, 교육 실습 또는 해양수산부령에서 정하는 기타 목적을 위해 수산동식물의 포획 · 채취, 어업에 관련된 탐색 · 집어, 어획물의 보관 · 저장 · 가공, 어획물 또는 그 제품의 운반을 하고자 할 때 선박마다 해양수산부장관의 승인을 받아야 한다. 이때 승인 신청을 할 때에는 외국인은 대한민국 정부에 수수료를 내야 한다.

대한민국 정부에 배타적 경제수역에서의 활동에 대한 수수료를 지불할 때에는 수수료의 금액은 다음과 같다. 총톤수 100톤 미만인 선박은 3만원, 총톤수 100톤 이상 1천톤 미만인 선박은 5만원, 총톤수 1천톤 이상인 선박은 10만원을 지불해야 한다. 이때 수수료는 특별한 사유가 있으면 감액하거나 면제할 수 있으며 대한민국 정부와 외국정부 간에 합의가 이루어진 경우에도 역시 감액과 면제가 가능하다.

<상황>

A국 국민 외국인 甲은 대한민국의 배타적 경제수역에서 다음과 같이 각종 활동을 하고자 한다. 甲은 대한민국 정부로부터 배타적 경제수역에서 총 3대의 선박의 활동을 승인받고자 한다. 선박1은 총톤수 70톤으로 연구 목적으로 수산물의 어획을 할 예정이다. 선박2는 총톤수 200톤으로 A국 소재 대학교의 실습 목적으로 해양식물의 채취를 할 예정이다. 선박3은 총톤수 500톤으로 해양 장비 시험 목적으로 어획물 운반을 할 예정이다.

한편 대한민국 정부는 A국과의 합의를 통해 대한민국 배타적 경제수역에서 A국 국민들의 선박활동에 대해 다음과 같이 정했다. 대한민국 정부와 A국은 교육 또는 실습 목적으로 해양동식물의 포획 내지 채취를 할 경우 총톤수 500톤 미만의 선박에 한해 50% 수수료 감액에 합의했다. 나아가 100톤 미만의 선박은 수산물의 어획을 하지 않는다는 전제하에 수수료를 면제한다고 합의하였다.

① 65,000원
② 75,000원
③ 100,000원
④ 105,000원
⑤ 130,000원

문 12. 다음 글과 <상황>을 읽고 <보기>에서 옳은 것을 모두 고르면?

두루누리 사회보험료란 소규모 사업을 운영하는 사업주와 일하는 근로자의 사회보험료의 일부를 국가에서 지원하는 정책이다. 사회보험 가입에 따른 부담을 덜어주고, 사회보험의 사각지대를 해소하기 위해 도입됐다. 현재 근로자 수가 10명 미만인 사업에 고용된 근로자 가운데 월평균 보수가 215만 원 미만인 근로자와 그 사업주에게 사회보험료를 최대 90%까지 각각 지원한다.

사회보험료를 계산하는 방법은 다음과 같다. 사업자의 경우 납부해야하는 고용보험료는 지급하는 월급에 1.05%를 곱한 값이다. 국민연금 보험료는 지급하는 월급에 4.5%를 곱한 값이다. 근로자의 경우 납부해야할 고용보험료는 수령하는 월급에 0.85%를 곱한 값이다. 국민연금 보험료는 수령하는 월급에 4.5%를 곱한 값이다.

※ 1) 사회보험료란 고용보험료와 국민연금 보험료의 합이다.
2) 사회보험료 지원율: 5명 미만 사업 90%, 5명 이상 10명 미만 사업 80% 지원

<상황>

A 회사를 운영하는 甲은 乙, 丙, 丁 총 3명의 직원을 고용하고 있다. 甲은 각 직원에게 200만 원의 월급을 지급하고 있으며 두루누리 사회보험료를 최대한으로 지원받고 있다. 乙~丁의 경우 A 회사에만 고용되어 있으며 여타의 수익활동을 하지는 않는다.

<보기>

ㄱ. 甲은 달마다 직원 1명당 11,100원의 사회보험료를 납부하고 있다.
ㄴ. 乙은 연간 총 128,400원의 사회보험료를 납부한다.
ㄷ. 만약 甲이 같은 조건으로 직원을 2명 더 고용할 경우, 달마다 정부가 회사A에 지원하는 사회보험료의 총액은 981,000원이다.

① ㄱ
② ㄷ
③ ㄱ, ㄴ
④ ㄴ, ㄷ
⑤ ㄱ, ㄴ, ㄷ

문 13. 다음 글을 근거로 판단할 때, <보기>에서 옳은 것만을 모두 고르면?

K사는 총 20명의 신입사원을 채용하고자 한다. 채용과정은 서류전형-면접전형 순서로 이루어진다. 서류전형에서 200명을 선발하고 이후 면접전형을 거쳐서 서류전형 합격자들 중 20명의 최종합격자를 가리게 된다. 서류전형의 경우 서류평가점수가 높은 순으로 선발하며 점수산정방법은 아래와 같다.

<서류평가요소 및 등급 산정표>

평가요소 \ 평가등급	A등급	B등급	C등급
영어회화 등급	1급	2급	3급 또는 없음
컴퓨터활용 등급	1급	2급	없음
전문자격증	있음	없음	-
경력	정직원 경력	인턴 경력	경력 없음

※ 결격자는 평가요소 중 A등급이 없는 사람을 말한다.
※ 전문자격증은 변호사, 회계사, 세무사, 행정사만 인정된다.

각 지원자의 서류평가점수는 아래의 산정표에 따른 서류평가요소점수의 총합이다.

<서류평가요소점수 산정표>

구분	A등급	B등급	C등급
영어회화	60점	40점	20점
컴퓨터활용	40점	30점	20점
전문자격증	100점	0점	-
경력	80점	40점	20점

※ 전문자격증이 2개 이상인 경우, 최대 2개만 인정되며, 이 경우 2번째 자격증에는 80점의 점수가 부여된다.
※ 경력의 경우 최대 1회의 경력만 인정된다.

<보기>

ㄱ. 결격자가 아닌 경우 지원자 사이의 서류평가점수 차이는 최대 280점이다.
ㄴ. 지원자 甲이 영어회화 1급, 컴퓨터활용 2급, 공인중개사 자격증, 인턴 경력 2회가 있다면, 甲의 서류평가점수는 270점이다.
ㄷ. 지원자 乙이 변호사, 회계사 자격증을 갖추고 있고 다른 평가요소 모두 A등급을 받은 경우, 丙은 반드시 최종합격한다.

① ㄱ
② ㄴ
③ ㄷ
④ ㄱ, ㄴ
⑤ ㄴ, ㄷ

문 14. 다음 글을 바탕으로 甲은 역사 영역에서 1등을 하고 丙은 경제 영역에서 1등을 했다면, <보기>에서 옳은 것을 모두 고르면?

甲, 乙, 丙은 '도전 퀴즈왕'에 참가했다. '도전 퀴즈왕'의 퀴즈는 총 4개의 영역에서 출제되며, 각 출제 영역마다 1등은 a점, 2등은 b점, 3등은 c점이라는 점수를 얻는다. 각 영역에서 공동 순위는 없었다. '도전 퀴즈왕'이 끝난 후 甲은 총 26점을 받고 乙은 총 7점, 丙은 총 11점을 받았다.

※ a, b, c는 0보다 크며, 서로 다른 정수이다.

<보기>

ㄱ. 乙보다 丙이 2등을 더 많이 했다.
ㄴ. 경제영역에서 甲은 2등을 했다.
ㄷ. 나머지 영역 중 하나가 미술 영역이라면, 미술영역에서 2등을 한 것은 丙이다.

① ㄱ
② ㄴ
③ ㄷ
④ ㄱ, ㄴ
⑤ ㄴ, ㄷ

문 15. 위의 글을 근거로 판단할 때, <보기>에서 옳은 것만을 모두 고르면?

○○공공기관은 경력직 직원을 채용하고자 한다. 甲, 乙, 丙, 丁, 戊 5인 전원은 객관식 필기시험 및 주관식 필기시험을 모두 응시하였다. 객관식 필기시험은 3과목, 주관식 필기 과목은 5과목으로 이루어져 있으며, 각 과목 점수는 40점에서 100점까지 채점된다.

○○공공기관은 다음과 같은 방식으로 직원을 채용한다. 우선 객관식 필기 종합점수 상위 3인을 가려낸다. 이후 객관식 필기 종합점수 상위 3인만 주관식 필기 종합점수를 측정해 주관식 필기 종합점수 상위 2인을 최종적으로 채용한다. 단, 필기 종합점수 동점자가 발생시에는 수학 필기점수, 법 필기점수가 높은 사람을 선순위로 한다.

객관식 필기 종합점수와 주관식 필기 종합점수는 각 과목별 필기점수에 과목별 가중치를 곱한 뒤 더하여 환산한다. 각 과목별 가중치는 1에서 최대 1.5까지 가능하다.

<채용후보자 객관식 필기점수>

구분	甲	乙	丙	丁	戊
국어	80	80	100	50	50
수학	100	90	?	?	100
외국어	80	80	?	50	?

<채용후보자 주관식 필기점수>

	甲	乙	丙	丁	戊
경제	50	50	40	40	40
행정	40	50	40	50	40
법	40	40	50	40	40
사회	50	40	50	50	50
윤리	40	40	40	40	50

<보기>

ㄱ. 甲의 주관식 필기 종합점수가 측정되지 않는 경우는 없다.
ㄴ. 丁의 주관식 필기 종합점수는 측정될 수 없다.
ㄷ. 채용후보자들의 객관식 필기 종합점수로 가능한 최고점은 390점이다.

① ㄱ
② ㄴ
③ ㄱ, ㄴ
④ ㄱ, ㄷ
⑤ ㄱ, ㄴ, ㄷ

문 16. 다음 글을 근거로 판단할 때, 옳지 않은 것은?

○ 부서원은 A, B를 포함하여 5명이고, A는 자신의 평판을 극대화시키는 방향으로 의사결정을 한다.
○ 과장은 부서원 중 한 명을 팀장으로 진급시키기 위해 투표를 실시하기로 했다. 부서원 다섯 명이 모두 투표하여, 과반수를 얻은 사람이 있으면 그 사람이 팀장 진급 대상자가 된다. 부서원은 후보 중 마음에 드는 사람이 없으면 기권할 수 있다.
○ A의 평판은 다음과 같이 정해진다.
 – A가 선거 전 가진 평판은 10이며, 0 미만으로 감소하지 않는다.
 – A가 팀장선거에 출마한다면, A의 평판은 (A에 투표한 사람 수) × 3 만큼 증가하며, 이에 더해 (기권한 사람 수) × 1 만큼 감소한다.
 – A가 팀장선거에 출마하지 않았을 때, 아무도 당선되지 않으면 평판은 3만큼 증가한다. 그러나 B가 당선된 경우 A의 평판은 3만큼 감소한다.
○ 과장은 연차가 가장 높은 A와 B만을 대상으로 선거에 출마할 건지를 물어보았다. 출마할 경우, 후보자는 반드시 자기 자신을 투표해야 한다. 또한 B의 출마 여부는 알 수 없다.

① A가 선거결과로 가질 수 있는 평판의 최댓값과 최솟값의 차는 18이다.
② A는 팀장이 되지 못하더라도 15점의 평판을 가질 수 있다.
③ 부서원 한 명이 자신을 뽑을 것을 알고 있다면, A는 후보로 출마하는 것이 출마하지 않는 것보다 A가 가질 수 있는 평판의 최솟값이 높다.
④ A가 팀장이 된다면, 적어도 평판이 17 이상이다.
⑤ B가 A를 뽑았다면, A의 평판은 투표로 변화하지 않을 수 있다.

문 17. 다음 <상황>과 <대화>를 근거로 판단할 때, 다음 중 옳은 것은?

<상황>

○ A대학교 학생 甲, 乙, 丙, 丁, 戊는 선후배 관계이다. 5명 모두 고등학교를 졸업하자마자 A대학교에 입학하였고 휴학을 하지 않았다.

○ 甲 ~ 戊의 '나이'는 각자가 스스로 밝힌 나이를 기준으로 한다. 다만, '실제 나이'는 출생년도를 기준으로 한다.

○ '빠른년생'은 1월에 태어나 같은 해에 태어난 사람들보다 1년 빨리 취학한 사람을 말한다. 甲 ~ 戊 5명 중 1명은 '빠른년생'이라 자신의 '나이'를 '실제 나이'보다 1살 더 많게 말한다.

○ 甲 ~ 戊가 A대학교에 입학한 '나이'는 모두 20살이었다. 이들의 현재 '나이'를 보면, 22살이 2명, 23살이 2명, 24살이 1명이 있다.

○ 대학교 신입생 환영회는 신입생 입학 시 직전년도 입학생(2학년)과 신입생(1학년)들만 참석한다.

○ 선후배 관계는 '나이'가 아니라 '학번'을 기준으로 한다.

○ 甲 ~ 戊는 상대방보다 '학번'이 높거나 같은 경우 다른 조건이 없는 한 상대방에게 반말로 이야기한다.

<대화>

丁: 안녕하세요 乙선배님. 신입생 환영회에서 뵙고 다시 뵙네요.

戊: 丁아 너는 신입생 환영회 갔구나? 나는 못 갔었는데 부럽다.

丙: 戊선배님 안녕하세요! 처음 뵙겠습니다. 제가 신입생 환영회를 못가서 인사를 못 드렸네요.

乙: 丁아 오랜만이다 잘 지냈지? 저기 甲선배님께도 인사 드려.

甲: 자 다들 모였지? 근데 丁이랑 戊는 서로 어떻게 알고 있니?

戊: 저 2학년 때 신입생 환영회 가서 '실제 나이'는 같으니까 친하게 지내자고 말 놓자고 그랬어요!

① 5명의 학번은 총 두 개일 가능성도 있다.
② 甲과 乙의 '실제 나이'가 동갑일 수도 있다.
③ '실제 나이'가 22살인 사람은 모두 2명이다.
④ 甲과 戊의 '실제 나이'차는 2살이다.
⑤ 5명의 '나이' 및 '실제 나이'로 가능한 경우의 수는 2가지이다.

문 18. 다음 글을 근거로 판단할 때, <보기>에서 항상 옳은 것만을 모두 고르면?

나은이는 끌로에 오드 퍼퓸을 구매하려고 한다. 나은이가 고려하고 있는 쇼핑몰은 다음 3개이며 각 쇼핑몰 별 할인율과 배송기간은 다음 표와 같다. 여기서 배송 최대 기간은 주문한 다음날부터 배송이 완료된 날까지를 의미한다.

쇼핑몰	할인율	배송 최대 기간	배송비
A	15%	3일	없음
B	0%	3일	없음
C	5%	7일	없음

또한 일주일을 더 기다리면 페스티벌 기간이라 나은이는 10%의 할인을 추가적으로 받을 수 있다. 즉, 기존 할인율 + 10%를 물품가격에 곱한 만큼 할인 받을 수 있다. 나은이는 위와 같은 조건들을 고려해 봤을 때, 총 5가지 상황의 가격 지불이 가능하다는 것을 알 수 있었다.

상황	가격
1	150,000원
2	170,000원
3	180,000원
4	190,000원
5	200,000원

<보기>

ㄱ. 나은이가 사고 싶어하는 끌로에 오드 퍼퓸의 원래 가격은 20만 원이다.
ㄴ. 상황 2의 경우 나은이는 쇼핑몰A에서 끌로에 오드 퍼퓸을 구매했다.
ㄷ. 상황 5의 경우 나은이는 끌로에 오드 퍼퓸을 주문한 다음날부터 5일 후에 받게 된다.

① ㄱ
② ㄴ
③ ㄱ, ㄴ
④ ㄴ, ㄷ
⑤ ㄱ, ㄴ, ㄷ

문 19. 다음 글을 근거로 판단할 때, 아령 E가 가질 수 있는 무게의 최댓값은?

> ○○건강센터에서는 아령 A ~ E를 판매하고 있다. 아령의 무게는 A가 가장 가볍고, B, C, D, E 순서대로 무게가 무겁다. 센터에 있는 양팔저울로 무게를 비교해본 결과 B와 C 각 1개의 무게를 더한 것이 E 1개와 수평을 이루었으며, D 1개는 A 4개를 묶은 것보다 가벼웠다. 아령 C의 무게는 20kg라 표기되어 있다. 甲이 손에 집히는 대로 아령 두 종류를 각각 하나씩 저울에 올려놓았더니, 21kg라 표시되었다.

※ 아령 묶음의 무게는 묶인 아령의 무게만 고려하며, 각 아령의 무게는 kg 단위의 자연수이다.

① 31 kg
② 33 kg
③ 35 kg
④ 37 kg
⑤ 39 kg

문 20. 다음 글을 근거로 판단할 때 영화 A를 선택한 직원 수는 몇 명인가?

> ○○본부에서는 가정의 달을 맞아 직원 복지의 일환으로 단체 영화관람을 기획하고 있다. 이를 위해 직원 340명을 대상으로 현재 개봉하고 있는 영화 3편(A, B, C) 중 관람을 원하는 영화에 대한 설문조사를 실시하여 3편의 영화 중 가장 많은 직원이 선택한 영화를 관람하기로 하였다. 설문 조사 시 340명의 직원 모두 A, B, C 영화 중 한 편의 영화를 선택하였고, 설문조사 결과 영화 A를 선택한 직원의 수가 영화 B를 선택한 직원 수의 2배였으며, 또한 영화 A를 선택한 직원의 수가 영화 C를 선택한 직원 수의 5배였다. 단, 설문조사는 중복 선택 없이 하나의 영화만을 선택할 수 있었다.

① 40명
② 100명
③ 150명
④ 200명
⑤ 300명

문 21. 다음 글을 근거로 판단할 때, 민지가 숙박할 곳은 어디인가?

○ 민지는 다음 달에 연휴를 맞아 9월 3일 목요일부터 9월 6일 오전까지 3박 4일 동안 여행을 떠날 계획이다. 민지는 여행지에 4일 동안 머무를 숙소를 알아보고 있다. 민지가 후보로 고려하고 있는 곳은 다음과 같다.

구분	숙박 가능 일	거리 (단위: km)	서비스	1박 당 가격 (단위: 원)	옵션
A	9/4 ~ 9/30	1,720	중	주중 : 57,000 주말 : 112,000	조식 제공
B	9/1 ~ 9/17	2,430	중	주중 : 92,000 주말 : 101,000	조식 제공
C	9/3 ~ 9/20	2,251	중	주중 : 79,000 주말 : 102,000	바다 인접
D	9/1 ~9/5	2,240	상	주중 : 67,000 주말 : 110,000	조식 제공
E	9/2 ~ 9/31	1,940	상	주중 : 72,000 주말 : 114,000	바다 인접

※ 거리는 집과 호텔 사이의 거리이다.
※ 주중은 월요일부터 목요일, 주말은 금요일부터 일요일이다.

○ 숙박이 가능한 곳 중 다음 기준에 따라 가장 점수가 높은 곳에서 머무르려고 한다. 단, 민지의 예산인 300,000원 이상이면 그 곳에서는 머무를 수 없다.
○ 민지는 거리가 1,600km를 넘어가면 피곤함이 극심하게 커져 1,600km를 기준으로 160km씩을 초과하여 넘어갈 때마다 거리점수의 만점인 10점에서 2점씩 감소한다. 거리점수의 최소점은 0점이다. 예를 들어 거리가 1,760km인 경우에는 거리점수가 10점이지만 1,800km인 경우 8점이 된다.
○ 서비스의 경우 상인 경우 9점, 중인 경우 8점을, 하인 경우 7점을 준다.
○ 옵션의 경우 민지는 바다를 좋아하여 바다에 인접한 경우 10점을 주고, 아침에 늦잠을 자서 조식은 먹지 않으므로 조식을 제공하는 경우 8점을 준다.

※ '숙박 가능 일'은 그 날부터 다음날 아침까지 숙박이 가능하다는 것을 의미한다.

① A
② B
③ C
④ D
⑤ E

문 22. 다음 글과 <상황>을 근거로 판단할 때, 거짓을 말한 사람과 그 사람이 있는 할인 쿠폰은?

A, B, C, D, E는 50%, 40%, 30%, 20%, 10% 5장의 할인쿠폰을 한 장 씩 나누어 가지고 있다. A~E는 아래와 같이 진술하였는데 이 중 한 명만이 거짓을 말하며 A와 E는 반드시 참을 말한다는 것이 알려졌다.

<상황>

A: 내가 50% 할인 쿠폰을 가지고 있거나 B가 40% 할인 쿠폰을 가지고 있다면, C는 30% 할인 쿠폰을 가지고 있지 않다.
B: D가 20% 할인 쿠폰을 가지고 있거나 E가 10% 할인 쿠폰을 가지고 있다면, A는 20% 할인 쿠폰을 가지고 있지 않고 C는 30% 할인 쿠폰을 가지고 있다.
C: A는 20% 할인 쿠폰을 가지고 있지 않고 B는 40% 할인 쿠폰을 가지고 있다.
D: B가 40% 할인 쿠폰을 가지고 있지 않을 때, A는 20% 할인 쿠폰을 가지고 있다.
E: D가 20% 할인 쿠폰을 가지고 있지 않다면, C는 30% 할인 쿠폰을 가지고 있지 않고 나는 10% 할인 쿠폰을 가지고 있다.

	거짓을 말한 사람	할인 쿠폰
①	B	20% 할인 쿠폰
②	B	40% 할인 쿠폰
③	C	20% 할인 쿠폰
④	C	30% 할인 쿠폰
⑤	D	10% 할인 쿠폰

문 23. 다음 글의 내용을 근거로 판단할 때 옳은 것은?

> 100원 동전 20개, 500원 동전 6개, 1000원 지폐 5개가 있다. 甲, 乙, 丙은 각각 이 돈을 가지고 소비하였다. 아래는 이들의 대화이며 셋은 모두 진실을 말한다.
>
> 甲: 편의점에서 1,300원어치 음료수를 사 먹은 후에 아이스크림 가게에서 1,500원어치 아이스크림을 사 먹었더니 500원 동전은 5개 남았고 지폐는 3장 남더라.
>
> 乙: 甲이 쓰고 남은 돈으로 3,000원어치 초콜릿을 사먹었더니 100원 동전이 7개 남았어. 초콜릿 사먹는데 동전만 썼어.
>
> 丙: 甲과 乙이 쓰고 남은 돈으로 3,200원어치 사탕을 사먹었어. 돈을 쓰고 보니 동전은 더 이상 남지 않지 뭐야.

① 甲은 아이스크림 사는 데 100원 동전 5개를 썼다.
② 甲은 乙보다 500원 동전을 많이 썼다.
③ 乙이 사용한 동전의 개수는 홀수이다.
④ 甲과 丙은 500원 동전을 같은 개수만큼 썼다.
⑤ 丙은 지폐 3장을 썼다.

문 24. 다음 글을 근거로 판단할 때, 세 경비원이 순찰을 하기 전에 불이 켜져 있던 교실은?

> 甲학교에는 1번 교실부터 7번 교실까지 7개의 교실이 있다. 경비원 A, B, C는 甲학교의 야간 순찰을 한다. 각 경비원들은 다음의 규칙에 따라 교실의 불을 끄고 켠다.
>
> ○ 경비원A: 교실 번호가 홀수인 교실의 불이 꺼져있다면 그 교실의 불을 켠다. 켜져 있다면 그 교실의 불을 끈다.
> ○ 경비원B: 교실 번호가 소수(素數)인 교실의 불이 꺼져있다면, 그 교실의 불을 켠다. 켜져 있다면 그 교실의 불을 끈다.
> ○ 경비원C: 교실 번호가 6을 제외한 6의 약수인 교실에 불이 꺼져있다면 그 교실의 불을 켠다. 켜져 있다면 그 교실의 불을 끈다.
>
> 세 경비원이 한 번씩 모든 교실을 순찰을 하고 나왔을 때, 모든 교실의 불이 꺼져 있었다. 세 경비원이 순찰을 한 순서는 알 수 없다.

① 2번 교실
② 3번 교실
③ 4번 교실
④ 5번 교실
⑤ 6번 교실

문 25. 다음 글을 근거로 판단할 때 옳은 것은?

제□□조 ① 관할선거관리위원에 예비후보자등록을 마친 자(이하 예비후보자)는 다음 각 호의 어느 하나에 해당하는 방법으로 선거운동을 할 수 있다.

1. 선거사무소를 설치하거나 그 선거사무소에 간판 · 현판 또는 현수막을 설치 · 게시하는 행위
2. 자신의 성명 · 사진 · 전화번호 · 학력 · 경력, 그 밖에 홍보에 필요한 사항을 게재한 명함을 직접 주거나 지지를 호소하는 행위. 다만, 선박 · 정기여객자동차 · 열차 · 전동차 · 항공기의 안과 그 터미널 · 역 · 공항의 개찰구 안, 병원 · 종교시설에서 주거나 지지를 호소하는 행위는 그러하지 아니하다.

제○○조 선거운동은 선거기간 개시일부터 선거일 전일까지에 한하여 할 수 있다. 다만, 다음 각 호의 어느 하나에 해당하는 경우에는 선거기간 개시일 이전에 선거운동을 할 수 있다.

1. 제□□조 제1항의 규정에 따라 예비후보자가 선거운동을 하는 경우
2. 문자메시지를 전송하는 방법으로 선거운동을 하는 경우. 이 경우 자동 동보통신의 방법으로 전송할 수 있는 자는 관할선거관리위원에 후보자등록을 마친 자(이하 후보자)와 예비후보자에 한하되, 그 횟수는 8회(예비후보자가 후보자가 된 경우 예비후보자로서 전송한 횟수와 후보자로서 전송한 횟수를 모두 포함한다)를 넘을 수 없다.
3. 인터넷 홈페이지 또는 그 게시판 · 대화방 등에 글이나 동영상 등을 게시하거나 전자우편을 전송하는 방법으로 선거운동을 하는 경우. 이 경우 전자우편 전송대행업체에 위탁하여 전자우편을 전송할 수 있는 사람은 후보자와 예비후보자에 한한다.
4. 선거일이 아닌 때에 전화(송 · 수화자 간 직접 통화하는 방식에 한정한다)를 이용하거나 말(확성장치를 사용하거나 옥외집회에서 다중을 대상으로 하는 경우를 제외한다)로 선거운동을 하는 경우

※ 동보통신이란 한 송신 장치에서 다수의 수신 장치로 동시에 같은 내용의 정보를 보내는 통신 방법을 말한다.

① 후보자는 선거기간 개시일 이전에 선거사무소에 현수막을 설치하여 선거운동을 할 수 있다.
② 후보자가 예비후보자일 때 문자메시지를 전송하는 방식으로 2회 선거운동을 하였다면, 후보자가 된 이후에는 최대 5회 문자메시지를 전송하는 방법으로 선거운동을 할 수 있다.
③ 예비후보자가 선거기간 개시일 전에 확성장치를 사용해 옥외에서 다중을 대상으로 선거운동을 하는 것은 금지되지만, 후보자인 경우 가능하다.
④ 예비후보자로 등록하려는 자는 전자우편 전송대행업체에게 위탁하여 전자우편을 전송해 선거운동을 할 수 있다.
⑤ 예비후보자의 경우 선거기간 개시일 이전에 홍보에 필요한 사항을 게재한 명함을 종교시설에서 주는 행위를 할 수 없다.

언어논리영역

정답

1	④	2	⑤	3	②	4	③	5	①
6	④	7	①	8	①	9	②	10	④
11	②	12	④	13	③	14	⑤	15	③
16	②	17	⑤	18	③	19	④	20	③
21	④	22	②	23	⑤	24	⑤	25	③

1.

정답 ④ 정답률 57.26%

해설

① (○) 글쓴이는 단오제를 제치고 춘향제를 지내는 일이 '명분이 없는 일'이라 한다. '제의'라 함은 신에 대한 제사가 핵심인데, 전통적으로 신격화될 수 없는 대상을 봉행했기 때문이다. 이것으로 미루어 춘향은 신격을 갖지 않는 대상이라는 것을 알 수 있다.

② (○) 대동굿은 '신과 신앙의 주체와 제사장의 참여'로 이루어지는데, 제사장은 무당이다. 따라서 대동굿을 주도하는 '마을주민'이 신앙의 주체라는 것을 알 수 있다.

③ (○) 춘향제가 시작된 시기는 1931년으로, 지역축제가 구분된 1995년 이전이다. 1995년은 지방자치제도가 전면적으로 실시된 해이다.

④ (×) 전통축제는 세시풍속으로 전승해온 절기제사의식으로, 읍치제사의식과 마을굿을 말한다. 춘향제는 허위의 인물로 신격화될 수 없는 대상이기 때문에 애초에 전통축제로 기릴 수 없다. 글에서 설명되는 전통축제는 단오제와 마을굿뿐이다. 춘향제는 향토축제에 해당하지만, 근본 없이 전통축제에 앞서 향토축제를 지내는 것은 잘못이라는 것이 글이 궁극적으로 하고자 하는 말이다.

⑤ (○) 지역축제가 구분된 것은 1995년인데, 해당 연도에 지방자치제도가 전면적으로 실시되었다.

2.

정답 ⑤ 정답률 56.52%

해설

① (×) 1문단에서 "서학 중에서 천주학은 유교"와 양립하기 어려운 교리를 갖고 있었다고 서술되어 있으며, 2문단에서는 "서학은 왕실에서 공인받은 천문역법을 중심으로 먼저" 지식인들에게 전파되었기 때문에 18세기 중기까지는 문제가 되지 않았다고 서술되어 있다. 이를 통해서 18세기 중기까지 서학에는 천주학과 천문역법 등이 포함된 것으로 파악할 수 있다.

② (×) 1문단의 내용을 확인하면, 천주학은 청 황실에서 환영받은 과학문명과 함께 전파되었던 것임을 알 수 있다. 이러한 천주학이 천주교가 된 것은 2문단에서 서술된 내용에 따르면 이승훈이 18세기 말 정식으로 신부서품을 받아오고 천주교회가 표면화되었기 때문이다. 그 이후에야 남인 출신이 쓴 천주교리서가 급속히 전파될 수 있었다. 따라서 청에 갔던 사절단이 교리서 전파의 직접적인 원인이라고 보기 어렵다.

③ (×) 마지막 단락을 보면 천주교가 박해당했음을 알 수 있는데 그 이유는 서양에서 들어온 종교인 천주교에는 반상에 대한 차별도 남녀차별도 없었기 때문이다. 이러한 사실은 조선의 봉건계급질서와 유교와 차별성을 가진 것이기 때문에 하층민들에게는 친화적이었다. 그러나 지배계급의 입장에서는 천주교가 위협적인 존재가 될 수 있어서 박해받게 되었음을 알 수 있다.

④ (×) 유교가 봉건계급질서를 옹호한다는 내용이 있지만, 불교도 그러한 역할을 했는지는 제시되어 있지 않다.

⑤ (○) 3~4문단에서는 18세기 정약종이 집필한 한글교리서가 부녀자와 하층민들에게 급속히 전파되었음을 알 수 있다. 그리고 박해가 있었던 18~19세기에도 교리서와 관련 서적에 대한 수요는 증가했는데 이는 힘없고 고통받는 하층민들이 박해가 시작되었어도 신앙심 자체를 버리지 않았고, 오히려 천주교가 소리 없이 그리고 급속히 퍼져나갔기 때문이다.

3.

정답 ② 정답률 59.96%

해설

1문단에서는 양계초에 대한 간략한 소개와 조선에 대한 그의 짧은 초기인식이 설명되고 있다. 2문단에서는 일본으로 건너간 뒤 그의 인식에 변화가 (조선국민에 대한 동정, 조선과 중국을 평등한 시선에 둠) 있음을 지적하고 있으며, 3문단에서는 조선의 망국의 책임을 귀족양반들의 부패함에 돌리고 있다. 4문단에서는 조선의 애국의사 2인을 찬양하면서도 망국에 대한 안타까움을 내비쳤다.

① (×) 조선을 자신의 조국처럼 '극진히' 여긴 것이 아니라 조선을 예로 들거나 본보기로 삼아 자신의 조국인 중국의 발전을 꾀하는 것이 양계초의 의도였다.

② (○) 글쓴이는 점차 조선에 대해 동정을 갖게 된 양계초의 행동들을 다른 시각으로 지적한다. 1문단에서는 조선을 고려로 '잘못 칭했다'는 점을 들면서 조선에 대한 양계초의 이해가 짧았음을 환기시킨다. 2문단에서는 '조선의 망국멸종위기'가 아니라 '중국과 조선의 망국멸종위기'를 인식했다고 말하며, 3문단에서는 그의 동정 심리에는 자국의 상황이 투영되어 있다고 말한다. 마지막으로, '일본이 조선을 발판 삼아 중국을 침략해 올 것을 대비해야'한다고 말하며 종합적으로 양계초가 관심을 가진 것은 조선의 국가운명이 아니라 다른 데 있다고 서술한다. 즉, 양계초의 끊임없는 조선에 대한 관심이, 그 자체가 목적으로 존재하는 것이 아니라, 처음부터 끝까지 자국의 이익과 발전을 위함이었다는 것이다.

③ (×) 양계초가 청나라가 일본을 본받아야 한다고 말한 것은 '법과 제도를 고치는 것'에 관한 내용이다. 또한 조선이 일본을 본받아야 한다고는 말하고 있지 않다.

④ (×) 양계초는 조선통치계급에 대해서는 비판적인 시각을 지녔지만 민중들에 대해서는 '딱하게 여겼다.' 민중의 반항에 대해서는 다루고 있지 않다.

⑤ (×) 글쓴이가 설명하는 양계초의 조선에 대한 인식은 오히려 처음엔 얕았지만 점차 깊어지고 있다. 글쓴이의 분석과 반대되는 선택지의 내용이다.

4.

정답 ③ 정답률 58.19%

해설

논점은 '팝이 진정한 대중적 예술인가?'이다. 각 문단에 등장하는 세 인물의 시각 차이를 염두에 두고 글을 분석한다.

① (×) 보드리야르는 팝아트가 대중예술이 아니라는 입장이다. 글에서는 이 같은 내용이 부연 설명되는 과정에서 '일상적인 사물을 다룬다고 해서, 일상적이고 대중적인 예술은 아니다'라고 언급되고 있다.

이는 곧 팝아트가 일상적인 사물을 다룬다는 것을 암묵적으로 받아들이고 논의를 전개하는 것이기 때문에 이 문장으로 미루어 선택지의 내용은 옳지 않다는 것을 알 수 있다.

② (×) 후이센에게 팝이란 개념은 단지 작가에 의해 탄생한 예술뿐 아니라 추가적인 것이 더해진 개념이다(3문단 1문장). 그렇다고 해서 다른 의견을 갖고 있는 보드리야르나 리차드 해밀튼이 팝이란 개념을 단지 작가에 의해 탄생한 예술로만 본다고 곧바로 해석이 되는 것은 아니다. 보드리야르는 팝아트의 성격과 그것의 함의를 설명하고 있을 뿐, 팝아트를 정의내리고 있지는 않다.

③ (○) 팝아트 작품은 리차드 해밀튼의 작품을 선두로 하여 '마치 상업광고와 같은 기술'을 사용했다. 이에 대해 루시 리파드는 '현실을 다루는 예술의 새로운 방식'이라고 말한다(마지막 문단). 즉, 그러한 기술은 과거 고전적 예술에서는 사용되지 않았음을 알 수 있다. 또한 팝아트의 '등장 이래로' 미술의 소재는 대중문화를 따랐다는 서술(첫 문장)로 미루어 작품의 소재 역시 이전과는 달랐다는 점을 알 수 있다.

④ (×) 보드리야르는 팝아트가 대중적인 예술은 아니라고 본다(1문단 3문장). 그러나 후이센에 의하면 팝아트는 '대중과 소통하고자'하는 대중예술에 가깝다. 그리고 리차드 해밀튼은 팝아트에 대한 당대평을 평가하고 있을 뿐, 팝아트가 '대중적 예술이 아니'라고 말하고 있지는 않다.

⑤ (×) 후이센은 팝아트의 방식이 '반 권위주의적 문화현상'이라고 본다(3문단 2문장). 즉, 선택지의 '권위주의에 대항하고자 하는 것이 아니라' 부분은 글의 내용에 부합하지 않는다.

5.

정답 ① **정답률** 40.71%

해설

① (○) 사회적 교환이론가들은 절대적 교환이론의 한계를 받아들여 사람들이 합리적이지는 못해도(= 내부적 한계) 나름의 계산을 하고, 정보를 전부 얻을 수 있는 것도 아니지만(= 외부적 한계) 적어도 몇 가지는 알고 있다고 전제한다. 즉 어느 정도의 한계를 인정한다는 것을 알 수 있다.

② (×) 2문단 마지막 문장에 따르면 비물질적인 것은 '감정과 서비스 등' 물질적 상품이 아닌 것을 의미한다. 그런데 3문단에서 행동주의 심리학자들은 '보상과 벌'에 관해서만 말하며, 이 보상이라는 것을 굳이 물질/비물질로 나누고 있지 않다. 우리는 단지 그들이 "드러나는 행동만을 관찰하고 연구"했다는 것만을 지문에서 알 수 있을 뿐이다. 그들이 선택지 내용과 같이 '비물질적인 상호작용이 행동으로 드러나지 않을 것이라고 가정'했는지는 지문의 내용만으로 알 수 없다.

③ (×) 공리주의적 경제학이 행동주의 심리학의 영향을 받은 것이 아니라, 교환이론이 공리주의적 경제학과 행동주의 심리학의 영향을 받았다. '행동주의 경제학'에 관해서는 지문에 언급되고 있지 않다.

④ (×) 글에 소개되는 교환이론은 두 가지다. '절대적 교환이론'은 선택지와 같은 가정을 받아들인다. 그러나 '사회적 교환이론'은 조금 더 조건을 완화해 적당한 합리성과 적당한 정보습득을 가정한다. 따라서 선택지의 내용처럼 교환이론이 '항상' 가정하는 것은 아니다.

⑤ (×) 교환이론은 다루는 대상이 공통적이라는 점에서 상징적 상호작용론의 연장선상에 있지만, 덜 엄밀하게 구축되었는지는 알 수 없다. 이론의 체계성에 관한 비교는 지문 내에서 이루어지고 있지 않다.

6.

정답 ④ **정답률** 60.07%

해설

① (×) 1문단을 보면 간호사가 연명의료결정법 시행 이후 법적 요건을 충족하기 위한 행정 절차에서 스트레스를 받는 것은 간호사의 역할이 명확하지 않기 때문임을 알 수 있다. 그리고 2문단을 보면 간호사는 사전돌봄계획에 참여를 하지 못하는 경우가 많다는 것을 알 수 있다. 따라서 사전돌봄계획에서 간호사가 맡은 역할의 분담이 필요하다는 것은 이러한 내용과 차이가 있다.

② (×) 2문단에서 보듯이 연명의료결정제도에서 중요한 과정인 사전돌봄계획에서 실제로 많은 역할을 맡은 것으로 인식되지만 많은 간호사가 참여하고 있지 않게 되는 상황이 문제가 있다고 지적한다. 따라서 사전돌봄계획의 참여도에 따라 간호사의 역할을 규정한다는 것은 논지로 적절하지 않다.

③ (×) 2문단을 보면 사전돌봄계획 과정에서 실제로 간호사가 맡아야 하는 역할이 많음에도 실제로 얼마나 참여하고 있는가에 대한 역할과 참여의 한계 상황을 질문하는 과정이 나타난다. 이는 역할을 지나치게 요구하는 측면을 지적하는 것이 아니라 실제적인 참여 상황을 지적하는 내용이다.

④ (○) 1문단에서는 공식적인 조사를 통해 연명의료결정 과정에서 간호사가 맡은 역할이 다양하지만 동시에 역할이 명확하지 않은 한계가 있음을 밝힌다. 2문단에서는 연명의료결정 과정의 하나인 사전돌봄계획에서도 간호사가 맡아야 하는 역할이 있음에도 불구하고 실제로 참여하지 못하는 상황을 거론한다. 1문단과 2문단 내용을 연결시키면 이 글의 논지는 간호사가 맡은 역할을 분명히 하고 이에 맞게 사전돌봄계획에 참여할 수 있게 하는 것이라 볼 수 있다.

⑤ (×) 1, 2문단을 통틀어서 필자가 주장하는 바는 의사보다는 간호사의 역할과 참여의 한계를 논하는 것에 속하기 때문에 "의사의 역할"을 논지로 볼 수 없다.

7.

정답 ① **정답률** 52.37%

해설

① (○) ㉠: 1문단은 G가 제시한 이론의 특징을 소개한다. 이른바 이중구속이론은 '개체들이 관계하는 방식'으로서의 '의사소통'을 다룬다. 그런데 여기서 중요한 것은 2문단에서 보여주고 있듯이, 의사소통 과정에서 모순되는 명령이 반복해서 전달될 때 '이중구속'의 상황이 발생한다는 사실이다. 따라서 "조현병은 의사소통의 내용이 아니라 이중구속적 상황을 만드는" 것에 집중한 서술이 정답이 될 수 있다.

㉡: ㉡ 직전의 문장에서 명령을 내리는 사람의 힘이 크지 않을 때는 희생자가 생기지 않거나, 미미한 영향력을 미친다고 서술하고 있다. ㉡은 '그러나'로 시작하는 문장이므로 앞의 문장과 역접의 내용이 자리해야 한다. 따라서 관계에서 권력이 큰 사람의 명령이 조현병을 일으키게 되는 계기가 될 수 있음을 설명해야 한다. 따라서 맥락상 의미가 맞는 서술이다.

② (×) ㉠: 1문단은 G가 제시한 이론의 특징을 소개한다. ㉠ 직전의 문장을 보면 '조현병 가족'의 사례를 통해 이론을 확립했음을 알 수 있다. 그러나 가족의 의사소통을 통해 확인되었다고 해서 가족관계가 반드시 전제되어야 한다는 의미로 받아들이긴 어렵다.

㉡: ㉡ 직전의 문장에서 명령을 내리는 사람의 힘이 크지 않을 때는 희생자가 생기지 않거나, 미미한 영향력을 미친다고 서술하고 있다. ㉡은 '그러나'로 시작하는 문장이므로 앞의 문장과 역접의 내용이 자리해야 한다. 따라서 관계에서 권력이 큰 사람의 명령이

조현병을 일으키게 되는 계기가 될 수 있음을 설명해야 한다. 따라서 맥락상 의미가 맞는 서술이다.

③ (×) ㉠: G의 이론은 가족을 통해서 조현병을 발생시키는 이중구속적 상황을 소개할 뿐 가족관계에서 발휘되는 권력을 설명하기 위한 목적을 가졌다고 보기 어렵다.

㉡: ㉡ 직전의 문장에서 이중구속적 상황을 유발하는 의사소통에 권력이 미치는 영향을 소개하고 있다. 그러나 해당 단락을 가족에 국한시켜 설명하고 있지는 않으므로 적절한 서술로 보기 어렵다.

④ (×) ㉠: 1문단은 G가 제시한 이론의 특징을 소개한다. 이른바 이중구속이론은 '개체들이 관계하는 방식'으로서의 '의사소통'을 다룬다. 그런데 여기서 중요한 것은 2문단에서 보여주고 있듯이, 의사소통 과정에서 모순되는 명령이 반복해서 전달될 때 '이중구속'의 상황이 발생한다는 사실이다. 따라서 "조현병은 의사소통의 내용이 아니라 이중구속적 상황을 만드는" 것에 집중한 서술이 정답이 될 수 있다.

㉡: 마지막 단락은 의사소통 과정에서 권력을 가진자가 연달아 모순된 메시지를 전달하는 과정이 일으키는 문제를 '이중구속'이라고 칭함을 정리하는 부분이다. 여기에 앞선 '가족'에 대한 예시는 제시되지 않고 있다.

⑤ (×) ㉠: 조현병이 '성인기'에 국한된 것으로 서술된 내용은 글 전체 어디에도 포함되어 있지 않으므로 기대할 수 없는 내용이다.

㉡: ㉡ 직전의 문장에서 명령을 내리는 사람의 힘에 대해서 설명하고 있지 않으나, 바로 직후의 문장에서는 '희생자는 힘을 가진 타자의 욕망'이라는 권력관계가 정신적 병리를 얻게 한다고 서술한다. 따라서 이중구속은 의사소통 과정에서 권력관계를 통해 희생자가 발생한다는 관점을 가진 것으로 볼 수 있다.

8.

정답 ①　　**정답률** 62.05%

해설

① (○) ㉠ 이후에 이어지는, 신부 자체가 신랑에게 의례적 선물로 주어진다는 내용과 신부 가족이 부담하는 물질적 의무의 이행을 의미하였다는 내용을 볼 때, 인도의 지참금 제도는 신부가 신랑에게 물질적으로 제공하는 의무를 이행하는 것으로 볼 수 있다. 또한 2문단에서 이러한 관습적인 제도에 변화가 생겨나 더 이상 자발적인 과정이 아니게 되었다고 내용을 볼 때 전통적인 지참금은 자발적으로 주는 선물을 의미했다고 볼 수 있다.

② (×) 지참금의 현대적 현상을 서술하는 부분으로 ㉡ 이후의 내용을 읽어보면 해당 문단은 신부 또는 신부 가족이 지참금을 내도록 강요받게 되고, 지참금의 액수는 신랑의 가족이 정하는 등 불평등한 현실을 서술한 부분임을 알 수 있다. 이 부분으로부터 지참금이 "신용"이라는 재산이 된다고 추측할 수 없다. "선물의 증여가 더 이상 자발적인 과정이 아니게 되었음을 보여준다."가 적절하다.

③ (×) ㉢ 이후의 문맥에 따르면 현대의 지참금 제도는 신부 가족으로부터 선물요구의 결정권이 신랑 가족에게 있는, 강요된 증여이다. 따라서 이 요구를 한 번에 이행하지 못했을 때, 요구한 가치를 조정한다는 것은 이러한 내용에 부합하지 않는다. 따라서 "요구한 전체 현금 가치를 할부로 이행할 것을 약속한다."가 적절하다.

④ (×) ㉣이 있는 문단은 결혼 관습이 지참금을 강요하는 문화로 변형되었기 때문에 결혼이 어려운 일이 되었고, 딸은 가족 내에서 문젯거리가 되었다고 서술하고 있다. 신부가 결혼을 대신하여 다른 선택을 할 수 있다는 내용은 이러한 내용과 연결되지 않는다.

⑤ (×) 신랑 가족의 요구를 충족시키지 못하는 경우에 부모가 다른 남편을 찾아줄 수 있었다면 ㉤ 이후의 내용과 같이 신부가 지참금으로 인해 죽는 상황이 벌어지지 않았을 것이다. 또한 딸이 결혼을 중단시킬 수 있었다고 한다면 그것 역시도 신부가 자살하거나 학대를 당하지 않았을 것이다. ㉤에 해당하는 내용은 "신부에게 모욕감과 정신적 상처를 주고 극단적인 결과를 초래한다."가 적절하다.

9.

정답 ②　　**정답률** 36.39%

해설

ㄱ. (×) 셰이퍼가 분류한 환경음 중에서 신호음은 어떠한 메시지 또는 의미를 전달하는 소리로 전경음이 될 수 있다. 폭죽소리는 축제나 기념일 등을 위해 쏘아올리는 용도로 쓰이기 때문에 메시지를 전달하는 환경음으로 분류될 수 있다.

ㄴ. (○) 마지막 문단을 보면 사운드스케이프는 인간이 소리 요소들을 어떤 의미로 받아들이는지를 중요하게 여기는 것이라 설명하고 있다. 따라서 주체에 따라 사운드스케이프가 다르게 구성될 수 있다.

ㄷ. (×) 존 케이지의 4분 33초는 침묵이 전제된 공간에서 침묵을 공연하는 행위를 통해서 정해진 공간 내에서 발생하는 소리를 공연하려는 목적을 가진 음악이라고 소개될 수 있다. 이러한 존 케이지의 음악에서 영향을 받은 셰이퍼도 외부 소음을 차단한 공간인 공연장에서 배경음을 통해 사운드스케이프가 만들어질 수 있다고 볼 것이라 추론할 수 있다.

10.

정답 ④　　**정답률** 48.63%

해설

ㄱ. (×) A, B의 두 개의 보고서 중에서 한 가지는 2개의 조건을 만족시키지 못한다. 만약 A가 3개의 조건을 모두 만족시킨다면, B의 조건 중에서 2개의 조건은 '설득'에 해당하지 않는다. 따라서 ㉤과 ㉥ 중 하나는 '설득'이 될 수 없다.

ㄴ. (○) ㉣과 ㉥이 다른 경우, B는 세 가지 조건 모두에 '설득'이 표기된 보고서가 될 수 없다. 따라서 A는 모든 항목에 '설득'이라고 표기된다.

ㄷ. (○) 지문에 따르면 두 개의 보고서 모두 생산유발액 조건에 설득으로 표기되었다. 따라서 (나)가 생산유발액 조건이라면 두 보고서 모두 그 항목에는 '설득'이라고 표기되었을 것이다.

11.

정답 ②　　**정답률** 58.97%

해설

ㄱ. (×) 을은 자연재해를 비롯한 각종 재난의 피해는 개인의 대응능력에 따라 달라질 수 있다고 생각한다. 병은 정치적 자원 배분의 과정에서 '재난'에 대한 대응에 투자가 후순위로 밀리게 되어 재난이 다시 재난을 낳는다고 생각한다. 을과 병은 재난의 피해가 사회 구성원 모두에게 평등하게 공유되는 것이 아니라 을은 개인적인 이유로 또 병은 정치적인 이유로 불평등하게 공유된다고 생각한다.

ㄴ. (×) 갑은 '재난'을 언제 닥쳐올지 모르는 불확실한 위험요소로 여긴다. 만약 병의 입장이 이와 다르다면 재난의 발생을 예측할 수 있다고 여겨야 한다. 그러나 병의 의견에서는 이러한 입장을 찾을 수 없다.

ㄷ. (○) 병은 정치적 자원의 배분 과정에서의 재난이란 "재난이 낳은 문제'를 일으키게 된다고 생각한다. 정은 재난으로 인해 사회적 신뢰의 문제인 '불공정성'의 문제를 해결하지 못하게 되면 다시 재난이 되는 것으로 생각한다. 이런 점에서 병과 정의 의견은 모두 재난 대처과정에서 사회적 불공정성이 나타난다는 생각으로 정리할 수 있다.

12.

정답 ④ 정답률 19.76%

해설

ㄱ. (×) A는 개인이 지식의 형식에 입문하여 합리적 사고를 형성하고, 합리적 삶을 살아감으로써 자유로운 마음, 또는 좋은 삶에 이를 수 있다고 보았다. 이러한 A의 자유교육론을 그에 반박하는 입장과 대조하여 살펴보면, 총체적인 수준의 마음을 발달시키는 것은 자유로운 마음이나 좋은 삶에 이르는 것과는 다른 문제임을 알 수 있다. 따라서 A가 총체적인 수준의 마음을 발달시킬 수 있다고 주장한 것은 아니므로 ㄱ은 A의 주장을 반박하지 않는다.

ㄴ. (○) B는 인간의 합리적 사고를 원인 - 결과를 뒤집어 파악하는 어떤 합리화 메커니즘으로 파악한다. 그런데 B는 그것에 기반해 인간이 자신의 인식론적 한계를 성찰할 수 있(고, 그로써 자유로운 마음에 이를 수 있)다고 보았기에, 보기 'ㄴ'에 주어진 주장은 B의 주장을 반박한다.

ㄷ. (○) A는 인간이 지식의 형식에 입문해 합리적 사고를 형성하고 합리적 삶을 삶으로써, B는 인간이 자기 자신의 의지에 의해 스스로의 인식론적 한계를 성찰함으로써 인간이 자유로운 마음에 닿을 수 있다고 주장하고 있다. 따라서 보기 'ㄷ'의 주장은 A, B를 모두 반박한다.

13.

정답 ③ 정답률 56.75%

해설

(가) 양심의 가책을 느끼는 것과 같은 도덕적 책임은 사람의 정신을 통해 이뤄지는 책임에 대한 경험이기 때문에 '내적 책임'이라 표현할 수 있다.

(나) 처벌을 받거나 피해를 보상하거나 하는 법적 책임은 정신적인 것이 아니라 사회적 규정에 따르는 것을 표현해야 하므로 '외적 책임'이라 할 수 있다.

(다) 3문단을 참고하면 플라톤은 영혼의 합리적인 부분은 계산하는 능력이 아니라 최고선 그 자체를 위해서 추구해야 한다고 본다. 즉 선이라는 그 자체가 동기가 되어야 한다는 것이다.

(라) 3문단을 참고하면 흄은 이성적 능력이 어떤 행위에 따른 결과를 계산하는 능력에 있다는 평가 능력을 우선시했다는 점에서 '평가적 관점'이 흄의 견해임을 알 수 있다.

14.

정답 ⑤ 정답률 23.42%

해설

ㄱ. (○) 물리학과 같은 이성적인 능력이 탁월해야 하는 분야에서 '물리학 천재'로 대우를 받는다고 하더라도 그가 14세 미만이라서 법적 책임을 묻지 않는다는 사실은 연령이 법적 책임의 기준이 되는 경우이다. 따라서 이는 책임을 물을 수 있으려면 이성적인 능력을 갖춰야 된다는 ㉠의 주장을 강화하는 데 도움이 되지 않는다.

ㄴ. (○) 4문단에 따르면 책임능력은 충동조절 능력과 의사결정 능력을 말하며, 둘 다 도덕적 가치판단에 속한다고 본다. 그리고 ㉡은 이처럼 책임능력을 도덕적 가치판단으로 보는 것이 책임능력을 지나치게 도덕의 문제로 보는 것이라고 비판한다. 따라서 미학적 판단능력도 책임능력의 하나라면 도덕적 가치판단 외에도 책임능력에 해당하는 능력이 있다는 것이므로 ㉡을 강화한다.

ㄷ. (○) 어떤 행위가 가져올 결과를 예상하는 것이 이성의 기능이라는 사실은 행위의 결과를 계산할 수 있는 능력을 이성이라고 보는 흄의 관점에 부합한다. 즉 이 사실은 이성을 계산능력으로 보는 관점에 부합하므로 이러한 관점에 대한 비판인 ㉢을 강화하지 않는다.

15.

정답 ③ 정답률 59.59%

해설

논쟁의 쟁점은 1) A모임의 참여자들이 밀접 접촉자들에게 A모임 참여 여부를 알려야 하는가와 2) A모임 참여는 이혼사유가 되는가이다. 각 논점에 대한 갑, 을, 병의 견해는 겹치기도 하고 서로 대치되기도 하지만, 글에 언급되지 않은 견해까지 성급히 짐작해서는 안 된다.

쟁점	밀접 접촉자들에게 A모임 참여 여부를 알려야 하는가?	A모임 참여는 이혼사유가 되는가?
갑	낙인효과 경계	안 된다
을	알려야 한다	그렇다
병	알릴 필요 없다. 낙인효과 경계	'A모임 참여'만으로는 안 된다 '검사 거부 등 유책배우자의 행위'인 경우에는 될 수도 있다

① (○) 갑은 '신념이 다르다는 이유만으로(= A모임에 나간다는 사실 하나만으로) 이혼을 요구할 권리는(= 이혼사유 구성은) 주어져서 안 된다(= 할 수 없다)'고 본다.

② (○) 병이 '누구든 자유국가에서 자신의 신념을 반드시 공표해야 할 의무는 없어'라고 말하는 데에 대해 을은 '~한 경우에는 개인의 의무와 권리의 범위가 달라질 수 있어'라고 응수한다. 즉, 을은 자유국가에서도 자신의 신념을 반드시 공표해야 할 의무가 부여될 수 있는 경우를 인정하고 있다.

③ (×) 을이 '배우자가 전염병을 옮길 가능성이 있는데도 아무것도 할 수 없다는 의미야?'하고 묻자, 병은 '~전염병을 옮길 수 있는 가능성이 크다는 것을 인지하면서도 이를 무시하고 계속 A모임에 나간다거나, 검사를 거부하는 것은 문제가 될 수 있다'고 대답한다. 즉, 병이 말하는 유책배우자의 행위에 해당한다면 이혼을 요구할 수 있는 경우가 있다. 따라서 '병은 ~이혼이 불가능하다고 본다'는 선택지는 논쟁에 대한 분석으로 적절하지 않다.

④ (○) 병은 '낙인효과는 위험해'라고 말하고 갑은 '낙인효과가 부수적 피해자를 양산할 수 있기 때문에' 병의 말이 일리가 있다고 동조한다.

⑤ (○) A모임에 참석한 사람들은 전염병에 걸린 상태일 수도 있고, 걸리지 않은 상태일수도 있다. 그러나 을은 이 중 걸렸을 가능성에 주목하여 '비록 적은 가능성이라도 방지할 수 있다면 방지하는 것이 옳다'고 말한다. 반면 병은 'A모임에 참석한다고 해서 모두가 잠재적 전염병 확산자인 것은 아니다'라고 말하며 걸리지 않았을 경우에 발생하는 낙인효과와 같은 기본권 침해 상황에 대하여 더욱 우려한다. 따라서 선택지는 적절한 분석이라 할 수 있다.

16.

정답 ② 정답률 51.18%

해설

ㄱ. (×) 1문단에서는 정보가 반복 학습되지 않는 경우에는 기억에 저장되지 못할 수 있으며 망각한 사실에 대해서도 인지하지 못할 수 있다고 한다. 그리고 단기기억에서 사라진 정보는 완전히 망각되어 버리나 장기기억에 저장된 정보는 적절할 때 언제든지 상기되어질 수 있다고 서술되어 있다. 주어진 지문의 내용에 따르면 특정 정보의 유형이 장기기억으로 남게 된다는 추론은 불가능하다. 1문단의 내용에 따르면 정보가 반복 학습되는 경우에야 기억에 저장될 수 있다.

ㄴ. (○) 3문단에서 확인할 수 있듯이 간섭이론에 의하면 새로운 정보의 입력은 기존 정보의 인출을 방해하게 되어 망각을 일으킨다. 특히 간섭이론 중 역행간섭이론은 정보가 망각되는 이유를 단기기억의 용량의 한계 때문으로 본다. "단기기억 체제 내에 들어온 새 정보가 먼저 있던 오래된 정보를 단기기억 구조 밖으로 밀어내어 회상을 불가능하게" 만들기 때문이다.

ㄷ. (×) 3문단을 보면, 간섭이론의 순행 간섭이란 "새로운 정보가 기억장치 속에 유입되면 단기기억에 저장되어 있던 기존 정보들의 상기를 방해하게 되는 현상"이다. 따라서 기존 정보를 대체한다는 설명은 적절하지 않다.

17.

정답 ⑤ **정답률** 32.76%

해설

주어진 용어를 기호로 표기하면 다음과 같다.

분자생리학 : P
생리활성물질학 : Q
식물생리학 : R
신경생리학 : S
심장혈관생리학 : T

이를 토대로 각 조건을 기호화하면 다음과 같다.

1) ~P∨R (≡ P → R)
2) ~Q→~P (≡ P → Q)
3) R→S
4) ~T∨P (≡ T → P)

ㄱ. (○) 1) P→R과 3) R → S에 의해 P → S가 도출된다.

ㄴ. (○) 4) T→P와 2) P → Q에 의해 T → Q가 도출된다. 이는 대우인 ~Q → ~T와 논리적 동치이므로 반드시 참이다.

ㄷ. (○) 4) T → P와 1) P → R에 의해 T → R이 도출된다. 이에 3) R → S을 연결하면, T → S가 도출된다.

18.

정답 ③ **정답률** 31.42%

해설

'A 사업이 핵심사업으로 채택된다.'를 간단히 'A'로 치환한다고 할 때, 주어진 글의 두 번째 ○부터 다섯 번째 ○까지를 기호화하면 아래 표의 1열과 같다. 아래 표의 2열은 이를 〈X → Y〉가 〈not X or Y〉와 동치임을 이용하여 〈not X or Y〉의 형태로 바꾼 것이다.

○ 갑 → (을 or not 병)	→	not 갑 or (을 or not 병)
○ not 정 → not 무		정 or not 무
○ (을 & 정) → 병		(not 을 or not 정) or 병
○ (병 & not 갑) → 무		(not 병 or 갑) or 무

갑은 반드시 핵심사업으로 채택되므로, 두 번째 ○에 의해 〈을 or not 병〉이 성립한다.
또한 갑이 반드시 핵심사업으로 채택되므로 다섯 번째 ○은 항상 만족된다.

a) 〈not 을〉이 성립하는 경우
→ 두 번째 ○에 의해 〈not 병〉이 성립한다. 〈not 을〉이 성립하므로 네 번째 ○는 만족된다. 따라서 세 번째 ○인 〈정 or not 무〉만 충족되면 된다. 그러므로 i) **갑**만 핵심사업으로 채택되거나, ii) **갑, 정**이 핵심사업으로 채택되거나, iii) **갑, 정, 무**가 핵심사업으로 채택된다.

b) 〈을〉이 성립하는 경우
→ 네 번째 ○에 의해 〈not 정 or 병〉이 성립한다. 두 번째 ○은 을이 성립하므로 성립한다.

b - 1) 〈정〉이 성립하는 경우
→ 네 번째 ○에 의해 〈병〉도 성립한다. 그리고 〈정〉이 성립하여 세 번째 ○가 만족된다. 그러나 〈무〉의 성립 여부는 알 수 없다. 그러므로 i) 갑, 을, 병, 정이 핵심사업으로 채택되거나, ii) 갑, 을, 병, 정, 무가 핵심사업으로 채택된다. 그런데 채택 가능한 최대 핵심사업 수는 3개이므로 b - 1)은 불가능한 경우의 수이다.

b - 2) 〈not 정〉이 성립하는 경우
→ 네 번째 ○이 만족되며, 세 번째 ○에 의해 〈not 무〉도 성립한다. 그러나 〈병〉의 성립 여부는 알 수 없다. 그러므로 i) **갑, 을**이 핵심사업으로 채택되거나, ii) **갑, 을, 병**이 핵심사업으로 채택된다.

위에서 구한 경우의 수를 정리하면 아래와 같다.(채택사업이 3개 이하인 경우)

1개가 채택될 경우	갑
2개가 채택될 경우	갑, 을 / 갑, 정
3개가 채택될 경우	갑, 을, 병 / 갑, 정, 무

이를 볼 때 병 사업이 채택되는 경우는 갑, 을, 병이 함께 채택되는 경우뿐이므로 ③은 반드시 참이다. 그리고 ②, ④, ⑤는 모두 선택지 진술 외의 경우도 가능하므로 반드시 참이라고 할 수 없다.

19.

정답 ④ **정답률** 25.74%

해설

문제의 각 구절을 다음과 같이 기호화하자.
a: 중앙정부의 지방교부금 액수가 10억 원 미만이다.
b: A군이 진행 가능한 추진사업은 3개 이상이다.
c: '깨끗한 물 만들기' 추진사업이 A군의 추진사업으로 채택된다.
d: 'A군 내 수질오염 주요 원인 규명 조사'가 진행된다.
e: 상수원 보호 민관협력 프로젝트'가 진행된다.
f: A군 지방세율이 인상된다.

이 기호들로 문제의 각 구절을 정리하면 다음과 같다.
(1) a → not b
(2) not b → (not c or d)
(3) not a → (d & not e)
(4) not e → not f
(5) (not b & not e) → not d
(6) (not c or not f) → d
(7) a & f

"X → Y ⇔ not X or Y"임을 이용하여 (1)~(7)을 정리하면
"a / f / e / not b"와 "not c or d"가 도출된다.
이때 "not d"라면, "not c"와 "c & f"가 동시에 성립해야 해, 모순이 발생한다.
따라서 "d"가 옳으며, c인지 not c인지는 판별 불가하다.

따라서 ㄱ은 거짓, ㄴ은 참, ㄷ은 참.

20.

정답 ③ **정답률** 59.28%

해설

① (×) 지문의 실험 결과를 통해 알 수 있는 것은, 같은 초콜릿이라 하더라도 색상을 달리하면 다른 맛을 지각할 수 있다는 사실이다. 즉 이는 향미가 제공하는 정보에 의해서 초콜릿에 지배적인 단맛의 영향이 줄어들 수 있다는 사실이므로 “향미가 제공하는 정보는 중요하지 않게” 된다는 것은 적절하지 않다.

② (×) 두 번째 실험은 색상은 다르지만 맛은 동일한 초콜릿을 이용했다. 같은 색상의 음식이 맛에 따라 다른 색깔을 연상시킨다는 연구는 이뤄지지 않았다.

③ (○) 첫 번째 실험에서는 사람들이 색에 따라서 느끼는 맛의 종류가 달랐다. 그리고 두 번째 실험에서 알 수 있는 것은 같은 맛의 초콜릿이라 하더라도 주어진 색상에 따라서 맛의 강도를 다르게 표현할 수 있음을 알 수 있었다. 따라서 음식에서의 색상 정보가 맛이나 맛의 강도를 이해하는 지표로 사용되고 있음을 알 수 있다.

④ (×) 지문의 실험 결과 음식의 색상이 맛 지각에 미치는 영향은 있었으나 녹색이 노란색보다 더 지배적이라고 볼 근거는 없다. 따라서 적절한 추론을 한 보기가 아니다.

⑤ (×) 지문의 첫 문단에서 맛과 향미 지각에 영향을 끼치는 것이 시각 정보라고 했다. 그리고 다섯 가지의 색깔에 따라 같은 맛의 초콜릿이 다른 맛으로 지각될 수 있음을 확인한 실험이기 때문에 색상 정보가 맛 지각에 미치는 효과는 확인이 된 것으로 볼 수 있다.

21.

정답 ④ **정답률** 28.45%

해설

ㄱ. (×) 실험실Ⅰ, Ⅱ의 환경은 습도와 풍속에서 차이가 난다. 즉, X가 오직 갈고리 형태의 씨앗을 통해 씨앗을 퍼뜨리게 만드는 요인이 오로지 ‘일정 수준을 넘는 풍속’만이라고는 확신할 수 없다. 그러므로 보기 ‘ㄱ’의 가설이 실험실Ⅰ, Ⅱ의 실험 결과에 따라 반드시 강화되는 것은 아니다.

ㄴ. (○) 실험실Ⅲ은 실험실Ⅱ보다 습도와 풍속이 낮고, 온도가 높다. 그런데 보기 ‘ㄴ’의 가설은 독립변수로서의 온도가 X가 씨앗을 퍼뜨리는 방법에 대해 아무런 설명력도 갖지 못함을 가정하고 있다. 그러므로 갈고리 형태의 씨앗을 만드는 X의 개체 수가 실험실Ⅱ에서는 100개, 실험실Ⅲ에서는 10개 관찰된 경우, 이러한 결과가 보기 ‘ㄴ’의 가설을 반드시 강화한다고 볼 수는 없으나(습도가 높을수록 갈고리 형태의 씨앗을 만드는 X의 개체 수는 감소하는데, 풍속이 높을수록 갈고리 형태의 씨앗을 만드는 X의 개체 수가 큰 폭으로 증가한다면, 온도가 X가 씨앗을 퍼뜨리는 방법에 어떤 영향도 미치지 않는다는 가정 하에서 실험실Ⅱ, Ⅲ의 결과가 도출될 수 있기 때문이다.), 마찬가지로 이러한 결과가 보기 ‘ㄴ’의 가설을 약화한다고도 볼 수 없다(습도가 높을수록 갈고리 형태의 씨앗을 만드는 X의 개체 수가 반드시 감소하는 것은 아니기 때문이다.).

ㄷ. (○) 실험실Ⅰ, Ⅲ은 온도를 제외한 나머지 조건이 동일하다. 그런데 실험실Ⅲ이 더 높은 온도에서 X를 생장시켰는데 결과적으로 씨앗주머니를 가진 X의 개체 수는 더 적었다. 따라서 실험실Ⅰ, Ⅲ의 실험 결과를 통해 온도가 높을수록 씨앗주머니가 X에 더 많이 관찰된다는 가설을 약화시킨다고 판단할 수 있다.

22.

정답 ② **정답률** 44.97%

해설

먼저 가설이 무엇인지 확인한다. 가설이 도출된 과정과 원리를 확인한다. 제시된 내용과 무관한 원리, 과정을 가설과 연결시키는 경우를 주의해야 한다.

가설 / 원리	㉠ 인공적인 소음공해가 꽃게의 생존에 좋지 않은 영향을 미친다
(자연적인) 수중음에 노출되면	호르몬(음량 따라 조절) 분비 → 에너지 → 보호색으로 변환
(인공적인) 소음공해에 노출되면	스트레스 → 누적 → 호르몬 균형 깨짐 → (1) 보호색 기능 약화, (2) 포식자 공격 대응×, (3) 탈피 속도 늦춰짐

ㄱ. (○) 유람선은 인공적인 소음공해에 해당한다. 이에 장시간 노출된 꽃게는 연구진의 가설에 의하면 (1)이나 (2)나 (3)의 현상을 보여야 한다. 외부의 공격에 반응하지 않는 것은 (2)에 해당한다. 따라서 ㄱ은 ㉠을 지지하는 연구결과에 해당한다.

ㄴ. (×) 보기의 결과는, 꽃게가 ‘인공적인 소음공해를 음으로 인식하지 못하지만 그와 동일한 음량의 자연 수중음은 인식한다’는 가설을 뒷받침해주는 연구결과로 볼 수 있다. 하지만 ㉠은 인공적인 소음공해가 꽃게의 생존에 좋지 않은 영향을 미친다는 가설이다. 즉 보기의 결과만으로는 소음공해를 들려준 꽃게에게 어떤 안 좋은 영향이 생겼는지 아닌지를 알 수 없다. 따라서 ㉠을 지지하는 진술이라고 보기는 어렵다.

ㄷ. (○) 소음공해에 노출된 꽃게는 (3)의 현상을 보인다. 보기 ㄷ과 같이, 한적한 해변에 비해 소음공해가 발생하는 유조선이 다니는 뱃길 주변의 꽃게가 작은 개체가 많다는 것은 탈피가 늦어져 성장을 못했다는 것을 의미하므로 ㉠을 지지하는 진술로 적절하다.

ㄹ. (×) ㉠에 의하면 소음공해에 노출된 꽃게는 스트레스를 받아 호르몬의 균형이 깨진다. 그 때문에 여러 생존에 안 좋은 결과가 드러난다. 보기의 내용처럼 호르몬의 분비량이 증가해 보호색을 빠르게 띠는 것은 생존력이 높아지는 것과 같으므로 오히려 ㉠을 약화하는 진술이다.

23.

정답 ⑤ **정답률** 45.45%

해설

① (×) 을의 두 번째 발언을 보면, 지원하는 시점은 2021.1.1. 이후 임차가 발생한 시기를 기준으로 지원을 하게 됨을 알 수 있다. 따라서 B연구소에 대한 지원 기준은 2021.5.1.이라고 봐야 한다.

② (×) 을의 첫 번째 발언을 통해 알 수 있는 점은 “임차료의 월별 총액이나 대출금의 이자 총액을 지원”한다는 사실이다. 따라서 B연구소는 두 층을 사용하고 있으므로 두 층 모두에 대해서 지원을 받을 수 있다.

③ (×) 지원 기준 시점이 2021.5.1.은 맞지만 월 2백만 원이라는 금액은 지원액의 한계금액을 가리키는 것이다.

④ (×) 월 2백만 원을 초과하지 않는 범위에서 임차료 280만 원의 60% 지원이 이뤄져야 한다.

⑤ (○) 갑의 마지막 발언에서 임차 발생 시기가 2021.5.1.임을 알 수 있다. 그리고 을의 첫 번째 발언에서 “임차료의 월별 총액이나 대출금의 이자 총액을 지원”한다고 했으므로 B연구소에서 사용하는 두 층의 임차료 280만 원의 60%를 지원받을 수 있다.

24.

정답 ⑤ **정답률** 50.99%

해설

① (×) 을의 세 번째 발언을 보면 초과액은 제공자에게 돌려줘야 한다는 내용을 확인할 수 있다. 갑의 직위는 '공직자'에 해당하여 상한금액은 40만 원이므로 21만 원을 재단에 돌려줘야 한다.

② (×) 을의 마지막 발언을 통해서 아직 10일이 경과하지 않았다는 사실을 확인할 수 있다. 따라서 과태료를 부과받아야 하는 대상이 아니라는 것을 알 수 있다.

③ (×) 청탁금지법에 따르면 신고 및 반환 조치를 하지 아니한 공직자들에게는 500만 원 이하의 과태료를 부과한다. 초과금을 제공처에 반환하고 10일 이내에 소속기관장에게 강의 사실을 신고해야 과태료를 받지 않는다. 따라서 10일 이내에 초과금을 돌려주면 과태료를 받지 않는다는 내용은 적절하지 않다.

④ (×) 아직 소속기관장에게 알리지 않은 상황이므로 기관장에게 강의 사실을 알리고 초과액인 21만 원을 돌려줘야 한다.

⑤ (○) 갑이 소속기관장에게 강의 사실을 10일 이내에 알려야 하고, 40만 원을 제외한 21만 원을 A재단에 돌려줘야 한다.

25.

정답 ③ **정답률** 43.28%

해설

ㄱ. (○) 쟁점 1에서 갑과 을의 쟁점은 T대학의 전문인력 양성기관 지정에 P교수가 어느 정도 중요성을 갖고 있는가에 대한 해석이다. 갑은 P교수가 전문인력 양성기관 지정과정에서 중요한 역할을 한다고 주장하고, 을은 전문인력 양성기관 지정과 P교수의 부정을 동일한 선상에서 비교할 수 없다고 주장한다.

ㄴ. (○) 쟁점 2에서 갑은 T대학의 게임학과가 제5조제3항제2호(정당한 사유 없이 1년 이상 계속하여 인력양성 교육 훈련을 하지 아니한 경우)에 해당하기 때문에 전문인력 양성기관 지정이 취소되어야 한다고 주장하고, 을은 그렇지 않다고 주장한다. 따라서 을이 개인 사유로 인한 교육자의 부재가 제5조제3항제2호의 정당한 사유에 해당한다고 생각한다면 갑과 을의 주장 불일치를 설명할 수 있다.

ㄷ. (×) 쟁점 2는 1년 이상 교육 훈련을 하지 못하는 제5조제3항제2호에 관계된 주장 불일치이지 제3호의 지정기준이 주요 논점이 아니다. 더구나 지정기준에 교수자를 갖출 것이 포함되지 않았다는 것은 지정 취소의 근거가 늘어나지 않았다는 의미이다. 따라서 지정을 취소하자는 주장이 강화되지 않는다.

상황판단영역

정답

1	③	2	⑤	3	③	4	③	5	①
6	②	7	②	8	⑤	9	④	10	⑤
11	④	12	③	13	①	14	②	15	①
16	⑤	17	④	18	①	19	③	20	④
21	④	22	②	23	④	24	②	25	⑤

1.

정답 ③ 정답률 39.04%

해설

① (×) 제○○조 제2항에 의하면 위원회 위원장은 민간위원 중에서도 선정이 가능하다.

② (×) 제○○조 제5항에 의하면 회의 구성원 37인 중 과반수인 19인 이상이 출석하여야 개의할 수 있다.

③ (○) 제○○조 제3항에 의하면 해당 중앙행정기관의 업무에 대한 전문지식과 경험이 풍부한 사람이라면 민간인이든 공무원이든 관계없이 위원으로 임명이 가능하다.

④ (×) 제□□조 제2호에 의하면 위원회는 제△△조에 따라 공무원이 직접 의견제시를 요청한 사항을 심의하는데, 제△△조에 규정된 '업무를 적극적으로 추진하기 곤란한 경우'에 과도한 민원처리는 해당되지 않으므로 당해 사항은 위원회의 심사대상이 될 수 없다.

⑤ (×) 제○○조 제4항에 의하면 회의의 구성원 중 2분의 1 이상은 민간위원이 되어야 하는데, 총 구성원 9명 중 공무원이 4인이므로 나머지 5인은 민간위원이어야 한다. 총 구성원이 9명이므로 과반은 5명이다. 따라서 민간위원 3인과 공무원 2인 총 5인이 출석하는 경우 과반이 되어 개의가 가능하다.

2.

정답 ⑤ 정답률 45.25%

해설

편의상 □□법 제○○조를 제1조, ◇◇시행령 제△△조를 제2조로 지칭한다.

① (×) 甲은 제1조 제3항에 따른 변경 신고는 제4항에 명시한 구청장의 '5일 이내' 통지가 이루어지지 않는다면 제5항에 따라 그 기간이 끝난 날(= 5일) "다음 날"인 6일 째 되는 날에 신고를 수리한 것으로 봐야 한다.

② (×) 乙은 제2조 제2호 나목의 세대 수 요건(300세대 이상)을 충족하지 못하므로 제1조 제1항에서 규정한 등록 의무가 없다.

③ (×) 丙은 위탁관리업 주택임대관리업으로 등록하였기 때문에 제1조 제2항 단서에 해당하지 않는다. 즉, 자기관리형 주택임대관리업을 등록한 경우에 위탁관리형 주택임대관리업 등록한 것으로 간주하지 그 역은 성립하지 않는다.

④ (×) 호수와 세대수와 무관하게 일단 주택임대관리업에 등록한 丁은 제1조 제3항에 따라 등록 말소 시에는 시장 · 군수 · 구청장에 신고할 의무가 있다.

⑤ (○) 戊는 위탁관리형 주택임대과리업을 하려는 자이기 때문에 제2조 제2호 조건을 충족하지 않으므로 등록 의무가 없다.

3.

정답 ③ 정답률 55.02%

해설

① (×) 제○○조 제1항에 따르면 박물관자료의 관리를 위탁하는 주체는 국가이다. 따라서 국토교통부장관이 아니라 국가로 바꾸어야 한다.

② (×) 제○○조 제2항에 따르면 직원은 관련 법령 및 규칙만이 아니라 선량한 관리자로서의 의무도 준수하여야 한다.

③ (○) 제□□조 제1항에 따르면 관장이 교육기관 등에게 소속 공무원 파견을 요청하기 위해서 국토교통부장관의 승인을 받아야 한다고 규정하고 있다.

④ (×) 제△△조에 따르면 운영평가를 한 뒤 필요한 경우 조치를 마련하여야 한다라고만 규정하고 있다. 따라서 이 경우 항상 권고를 해야 하는지 알 수 없다.

⑤ (×) 제△△조 제3항에 따르면 그 주체는 국토교통부 장관이다. 따라서 주체를 항공박물관장으로 정하였기에 틀린 선택지가 된다.

4.

정답 ③ 정답률 57.42%

해설

① (×) 장애등급 2등급 이상이라면, 나이가 25세 이상이라고 하더라도 유족연금의 수급자가 될 수 있다.

② (×) 연금보험료를 낸 기간이 연금보험가입기간 9년 중 3분의 1 이상인 4년이므로 제○○조 제1항 제3호에 해당되어 乙의 유가족은 유족연금을 받을 수도 있다.

③ (○) 제○○조 제1항 제4호에 따르면 가입대상기간이 3년 이상이면서, 체납기간이 3년 이상이 아니면 유족이 유족연금을 받을 수 있다. 체납기간이 2년이면서 5년 이상이 가입대상기간이므로 丙의 유족은 유족연금을 받을 수 있다.

④ (×) 제△△조 제2항에서 말하는 제1항의 각 호 순위는 배우자, 자녀 등을 말한다. 노령연금의 수급자 등이 언급된 것은 제○○조 제1항이다. 따라서 두 가지를 연결해서 잘못 쓴 오답선택지이다.

⑤ (×) 제○○조 제1항 제3호 내지 4호에 해당하는 군인의 경우, 군 재직 중 사망하는 경우 동조 제2항 제1호에 따라 유족연금이 지급되지 않는다.

5.

정답 ① 정답률 27.98%

해설

① (×) 두 번째 문단에서 경칩은 세 번째 절기이고, 세 번째 문단에서 춘분은 경칩과 청명 사이의 절기라는 점을 알 수 있다. 또한 경칩이 황경 345도, 춘분은 황경 0도라는 점도 명시되어 있기 때문에 춘분은 첫 번째 절기가 아니라 네 번째 절기라는 점을 알 수 있다. 황경이 0°라고 해서 첫 번째 절기가 아니라는 점을 유의해야 한다.

② (○) 입춘은 황경 315도, 춘분은 황경 0도이므로 황경 330도, 345도의 절기가 더 있을 것이라고 추측 가능하다.

③ (○) 세 번째 문단을 참고하면 춘분에는 밤보다 짧았던 낮의 길이가 점점 길어진다. 즉, 춘분 이전에는 밤이 낮보다 길다. 따라서 춘분 이전의 절기인 경칩에는 밤의 길이가 낮보다 길다.

④ (○) 네 번째 문단의 마지막 문장에서 경남 사천 지역의 농부는 청명에 날씨가 지나치게 좋으면 농사가 잘 되지 않을 것이라고 생각하기도 한다는 것을 알 수 있다.

⑤ (○) 두 번째 문단의 두 번째 문장에서 경칩을 지나 다음 절기인 춘분이 되면 봄이 된다는 것을 알 수 있다.

6.

정답 ② **정답률** 22.42%

해설

ㄱ. (×) 간단하게 반례를 찾아보면, 4번이 적힌 사물함의 경우 첫 번째 사람이 열고, 두 번째 사람이 닫은 뒤, 네 번째 사람이 다시 연 후에는 해당 사물함에 대한 더 이상의 변화가 일어나지 않는다.

ㄴ. (○) 사물함의 번호에 해당하는 수가 짝수개의 약수를 갖는다면 열고 닫음이 각각의 짝을 이루어 모든 사람이 지나간 뒤에 사물함이 닫혀 있을 것이다.

ㄷ. (×) 문의 열고 닫음 상태를 결정하는 것은 ㄴ에서 확인했다시피 해당 숫자의 약수의 개수가 짝수인지 홀수인지 여부이다. 약수의 개수가 홀수인 수는 제곱수이다. 따라서 1부터 27까지의 수 중에서 약수의 개수가 홀수인 것을 모두 구해보면 1, 4, 9, 16, 25이며, 1부터 34까지의 수 중에서 약수의 개수가 홀수 인 것을 모두 구해보아도 1, 4, 9, 16, 25로 같다.

7.

정답 ② **정답률** 33.33%

해설

이러한 퀴즈형 문제를 풀 때에는, 확정적인 조건들에서부터 문제를 풀어나가야 한다.

우선 D는 커피를 마셨다. 그렇다면 커피와 관련된 조건을 점검한다. 커피는 단 한명만 먹었으므로, 더 이상 커피를 마실 수 있는 사람은 없다. 이 때, A는 커피를 마셨거나 주스를 마셨으므로 A는 주스를 마셨다. 그럼 이제 음료 중 남은 것은 주스와 생수이다. C는 생수를 마시지 않았으므로 C는 주스를 마셨고, B는 생수를 마셔야 한다. 따라서 음료 조건은 확정된다.

구분	식사	음료	후식
A		주스	
B		생수	
C		주스	
D		커피	

이제 식사와 후식 조건을 확인한다. 한식을 먹은 사람은 커피를 마시지 않았으므로, D는 한식을 먹을 수 없다. 또한 B도 한식을 먹지 않았으므로, A와 C가 한식을 먹게 된다.

구분	식사	음료	후식
A	한식	주스	
B		생수	
C	한식	주스	
D		커피	

또한 마카롱을 먹은 사람은 주스를 마셨으므로, B와 D는 마카롱을 먹을 수 없다. D는 이에 더해 아이스크림도 먹지 않으므로 케이크를 먹은 것이 확정된다. B도 또한 케이크를 먹지 않았으므로 아이스크림을 먹어야만 한다. 이에 따라 아래와 같은 표가 확정된다.

	식사	음료	후식
A	한식	주스	
B		생수	아이스크림
C	한식	주스	
D		커피	케이크

나머지 조건은 확정할 수 없다. 어떻게 조건이 들어가더라도 무방한 상황이 된다. 여기에서부터 선지를 보면서 정답을 찾는다.

① (×) 한식은 A, C가 먹었다.

② (○) C가 마카롱을 먹었다면, 남는 케이크는 A가 먹게 된다.

③ (×) D는 케이크를 먹었고, 커피를 마셨으므로 거짓이다.

④ (×) A는 마카롱을 먹을 수도 있다. 마카롱을 먹은 사람은 주스를 마셔야하는데, A는 주스를 마셨기 때문이다.

⑤ (×) B가 일식을 먹었다면, 남는 중식을 D가 먹게 된다.

8.

정답 ⑤ **정답률** 14.22%

해설

각 선수들의 각 조건에 대한 부합 여부를 살펴보면 다음과 같다.

선수	계약기간	연봉 및 남은 기간	포지션	조건 부합 수
선호	3년 미만(×)	2억 미만/1년 미만(×)	(×)	0
규재	3년 이상(○)	2억 이상/1년 미만(○)	(○)	3
동연	3년 이상(○)	2억 미만/1년 이상(○)	(×)	2
우혁	3년 이상(○)	2억 이상/1년 이상(×)	(○)	2
지명	3년 미만(×)	2억 이상/1년 미만(○)	(×)	1
주형	3년 이상(○)	2억 미만/1년 미만(×)	(○)	2

조건이 2개 이상인 선수들은 트레이드에서 제외한다. 따라서 규재, 동연, 우혁, 주형이 트레이드에서 제외되는 선수가 된다.

9.

정답 ④ **정답률** 45.94%

해설

ㄱ. (×) 예비타당성 조사란 예산 편성 및 기금 운용계획을 수립하기 위하여 실시하는 사전적인 타당성 검증 · 평가이다.

ㄴ. (○) 기획재정부 장관은 예산편성과 기금운용계획 수립 등과 관련해 필요하다고 인정하는 경우 해당 중앙행정기관 장의 요구가 없더라도 예비타당성 조사를 실시할 수 있다.

ㄷ. (×) 총 사업비 규모는 500억 원 이상이지만, 국가의 재정지원이 2,500억 원의 10%인 250억 원이므로 기준인 300억 원에 미달하여 예비타당성 조사 대상 사업이 될 수 없다.

ㄹ. (○) 중앙행정기관의 장은 사업시행 전전년도까지 조사 요구를 할 수 있으며, 조사 요구 사업이 2개 이상인 경우에는 사업간 우선순위를 반영해 조사 요구서를 제출하여야 한다.

10.

정답 ⑤ **정답률** 25.58%

해설

ㄱ. 남부내륙철도 건설은 수도권에서 경상도까지 전국을 가로지르는 사업으로 광역 교통 · 물류망 구축 사업에 해당한다. – 광역 교통 · 물류망 구축

ㄴ. 제주도의 공공하수처리시설 지하화는 제주도의 생활환경 개선을 통해 제주도민의 삶의 질 향상을 목표로 하는 사업에 해당한다. – 지역주민 삶의 질 향상

ㄷ. 광주 인공지능 집적단지 조성 사업은 R&D 투자를 통해 광주지역에 전략적으로 인공지능 산업을 육성하고자 추진하는 사업에 해당한다. – 지역 전략산업 육성

ㄹ. 충남 석문산단 인입철도 건설 사업은 충청남도의 산업단지 개발을 뒷받침하기 위해 철도 인프라를 확충하고자 추진하는 사업에 해당한다. – 지역 교통 인프라 확충

11.

정답 ④ 정답률 52.76%

해설

甲이 지불해야 할 수수료는 아래와 같은 원리로 요약해 볼 수 있다.

구분	선박 1	선박 2	선박 3
총톤수	70	200	500
본래 수수료	30,000	50,000	50,000
목적	연구	실습	해양 장비 시험
해양동식물 포획·채취 여부	수산물 어획	해양식물 채취	-
수수료 적용 대상 여부(글의 제2문단)	○	○	○ (어획물 운반)
감액 및 면제 여부	× (톤수 조건 충족하나 어획하지 않을 조건 미충족)	50% 감액 (실습 목적 및 톤수 조건 충족)	×
최종 수수료	30,000	25,000	50,000

따라서 A국 국민 甲이 지불해야하는 총 수수료는 105,000원이다.

12.

정답 ③ 정답률 28.49%

해설

ㄱ. (○) 월급이 200만 원인 경우, 사업자가 달마다 직원 1인당 사회보험료로 납부하는 금액은 다음과 같다.

납부금액	금액
고용보험료	200만 원 × 1.05% × 10% = 2,100원
국민연금 보험료	200만 원 × 4.5% × 10% = 9,000원
사회보험료 총액	2,100원 + 9,000원 = 11,100원

ㄴ. (○) 월급이 200만 원일 경우 직원 개인이 납부할 사회보험료는 다음과 같다.

납부금액	금액
고용보험료	200만 원 × 0.85% × 10% = 1,700원
국민연금 보험료	200만 원 × 4.5% × 10% = 9,000원
사회보험료 총액	1,600원 + 9,000원 = 10,700원

따라서 직원 1명의 연간 사회보험료 납입액은 10,700원 × 12 = 128,400원이다.

ㄷ. (×) 직원이 2명 더 늘어났으므로 5인 이상의 사업장이 되므로 80%만 지원을 받는다. 따라서 정부가 회사A에 지원하는 사회보험료는 다음과 같다. (정부는 사업주와 직원 모두에게 지원금을 지급함을 유의해야 한다.)

지원금 종류	1인당 지원 금액
고용보험 지원금	200만 원 × 1.05% × 80% + 200만 원 × 0.85% × 80% = 30,400원
국민연금 지원금	200만 원 × 4.5% × 80% + 200만 원 × 4.5% × 80% = 144,000원

1달에 회사 A에게 정부가 지원하는 사회보험료는 (30,400원 + 144,000원) × 5 = 872,000원이다.

13.

정답 ① 정답률 29.09%

해설

ㄱ. (○) 모든 요소에서 A등급을 받고 전문자격증이 2개 이상이면 총 360점의 점수를 받을 수 있으며, 이 점수가 가장 높은 서류평가점수이다. 반대로 가장 낮은 서류평가점수의 경우 결격자가 아니므로 최소 1개의 A등급은 받아야 한다. A등급점수가 가장 낮은 컴퓨터활용요소에서 A등급을 받고(40점) 영어회화(20점), 경력(20점)에서 C등급, 전문자격증(0점)에서 B등급을 받는 경우 80점이 되어 최저점이 된다. 이 둘의 차이는 280점이 된다.

ㄴ. (×) 지원자 甲의 경우 영어회화(60점), 컴퓨터활용(30점), 전문자격증(0점), 경력(40점)으로 총 130점을 받는다. 본문의 각주에서와 같이 경력의 경우 최대 1회만 인정됨을 주의해야 한다.

ㄷ. (×) 乙이 모든 평가요소에서 A등급을 받고 전문자격증이 2개라고 하더라도, 최종합격을 위해서는 면접전형을 통과해야하므로 반드시 최종합격했다고 할 수는 없다.

14.

정답 ② 정답률 22.64%

해설

퀴즈쇼에는 총 4개의 출제영역이 있고, 각 영역마다 참가자들에게 a + b + c라는 점수가 배분되므로 퀴즈쇼가 진행되는 동안 총 4 × (a + b + c)만큼의 점수가 배분되었다. 이는 甲, 乙, 丙이 받은 총점의 합과 동일하므로 따라서 4 × (a + b + c) = 44 이다. 따라서 a + b + c = 11이다.

a > b > c이므로 c는 3미만의 숫자이다. c가 3일 경우 최소 b = 4, a = 5가 되는데 이들의 합은 12이기 때문이다. b는 5미만의 숫자이다. b가 5일 경우 a는 최소 6이기 때문에 a와 b의 합만으로도 11이 되어 c는 0이 되어야 하기 때문에 조건에 부합하지 않다. a의 경우 9미만의 숫자이다. a가 9일 경우 b = 1, c = 1이 되어야 하므로 조건에 부합하지 않기 때문이다. 따라서 1 ≦ c ≦ 2, 2 ≦ b ≦ 4, 3 ≦ a ≦ 8이다.

甲이 역사에서 1등, 丙이 경제에서 1등을 한 상황에서 甲의 총점이 가장 높기 때문에 甲이 1등을 가장 많이 했을 것이라 추측할 수 있다. 甲이 받을 수 있는 가장 높은 점수는 1등을 3번하고 2등을 1번 한 경우(a = 8, b = 2 c = 1이라고 가정)이므로 a × 3 + b ≦ 8 × 3 + 2 = 26점이다. 이는 甲의 총점과 동일하므로 甲은 1등 3번, 2등을 1번 했다. 丙의 경우 1번 1등을 했기 때문에 최소 점수는 a + c × 3 = 8 + 1 × 3 = 11인데 이는 丙의 총점과 동일하므로 丙은 경제영역을 제외한 나머지 영역에서 모두 3등을 하였다. 따라서 乙은 경제영역에서 3등, 나머지 영역에서 2등이므로 획득한 점수는 b × 3 + c = 2 × 3 + 1 = 7점으로 乙이 받은 총점과 동일하다

	역사	경제	x	y	점수
甲	1등	2등	1등	1등	26점
乙	2등	3등	2등	2등	7점
丙	3등	1등	3등	3등	11점

ㄱ. (×) 乙은 2등을 3번, 丙은 2등을 0번 했다.

ㄴ. (○) 甲은 경제영역에서 2등을 했다.

ㄷ. (×) x나 y영역 모두 2등은 乙이 했으므로 어떤 영역이 미술영역이었다 하더라도 2등을 한 것은 乙이다.

15.

정답 ① **정답률** 30.55%

해설

ㄱ. (○) 물음표로 표시된 부분을 모두 100점으로 채워넣는다고 가정한다. 그 경우가 되더라도 乙과 丁의 객관식 필기 종합점수는 甲보다 항상 낮게 된다. 즉, 甲은 항상 객관식 필기 종합점수 상위 3인에 들게 된다. 따라서 甲의 주관식 필기 종합점수가 측정되지 않는 경우는 없다.

ㄴ. (×) 만일 丁의 수학 점수가 100점이고, 戊의 외국어점수가 40점이면서 丙의 수학 및 외국어 점수가 40점이라고 본다면, 우선 丁보다 戊는 반드시 객관식 필기 종합점수가 낮다. 그리고 수학의 가중치가 1.5이고 나머지가 1이라고 할 때, 丁의 종합점수는 250점이 되고 丙의 종합점수는 200점이 된다. 따라서 丁의 주관식 필기 종합점수가 측정되는 경우도 있다.

ㄷ. (×) 만일 丙의 점수가 모두 100점이라고 한다면, 최고점은 300점의 1.5배인 450점이 된다.

16.

정답 ⑤ **정답률** 14.36%

해설

① (○) 출마시 최대의 평판 : B가 출마하지 않고, 5표를 받는 것(25점)
출마시 최소의 평판 : B가 출마하지 않고, 기권 4표가 발생(9점)
미출마시에는 지문에서 주어진 대로 최대 13점, 최소 7점을 가진다. 따라서 A는 선거로 최대 25점, 최소 7점의 평판을 가지게 되며, 차이는 18이다.

② (○) A가 출마하여 두 명이 A에 투표하고 한 명이 기권한다면, 10 + 6 − 1 = 15점이 된다.

③ (○) A가 출마하고 적어도 한명이 자신을 뽑아준다면, 최악의 경우에 기권 3표가 발생한다. 이때 점수는 10 + (3 × 2) − 3 = 13점이 된다. A가 출마하지 않는다면, B의 당선에 따라 최악의 경우 평판은 7점이 된다. 따라서 A는 출마하는 것이 출마하지 않는 것 보다 가질 수 있는 평판의 최솟값을 높인다.

④ (○) A가 팀장이 되기 위해서는 적어도 3표를 받았으며, 나머지 두표가 기권표인 경우에 점수가 제일 낮다. 이때 평판은 10 + (3 × 3) − (2 × 1) = 17이 되므로, 팀장이 된다면 적어도 평판이 17 이상이 된다.

⑤ (×) B가 A를 뽑았다는 것은, B가 출마하지 않았으며 A가 적어도 2표를 얻는다는 것을 말한다. 이 경우, 기권이 3표가 나오더라도 A의 평판은 13을 넘는다. 따라서 10이 될 수 없으므로 오답이다.

17.

정답 ④ **정답률** 33.33%

해설

① (×) 문제에서 가장 먼저 확정되는 조건들부터 살펴본다. 乙은 丁보다 선배이다. 또한 乙의 말을 보면 甲이 乙보다 선배라는 점을 알 수 있다. 따라서 학번은 적어도 3개가 되어야 한다.

② (×) 1번 선택지에서 甲이 乙보다 선배이더라도, 빠른년생이라면 둘이 동갑일 수 있다. 하지만 빠른년생은 오직 한명이고 戊가 스스로 빠른년생이라고 밝혔기 때문에 甲과 乙은 동갑이 될 수 없다.

③ (×) 戊는 빠른년생으로서 '실제 나이'는 丁과 동일하게 22살이다. 그렇지만 겉으로 밝히는 '나이'는 23살이다. 따라서 '나이'가 23살인 사람은 戊와 乙로 2명이 모두 확정된다. 따라서 丙은 빠른년생이 아니고 '나이'가 22살이다. 이에 비추어 볼 때, '실제 나이'가 22살인 사람은 戊, 丁, 丙 총 3명이 된다.

④ (○) 甲은 위에서 살펴본 바와 같이 '나이'와 '실제 나이'가 모두 24살이다. 그리고 戊의 '실제 나이'는 22살이다. 따라서 이 둘의 '실제 나이'는 2살 차이이다.

⑤ (×) 3번 선택지에서 살펴본 바와 같이 5명의 '나이'와 '실제 나이'는 모두 확정된다. 따라서 1가지 경우의 수가 나온다.

18.

정답 ① **정답률** 24.09%

해설

• 쇼핑몰은 3종류이고, 페스티벌 기간인지 아닌지는 2종류이므로 총 6가지의 경우가 나올 수 있다. 각각의 경우의 할인율을 계산하면 다음과 같다.

페스티벌 여부 / 쇼핑몰	페스티벌 기간	페스티벌 기간 아님
A	25%	15%
B	10%	0%
C	15%	5%

• 따라서 이를 할인율이 높은 순서에 따라 정렬하면 다음과 같으므로 할인율이 클수록 내는 가격이 적음으로 이를 기준으로 문제의 상황과 짝지을 수 있다.

할인율	상황	가능한 시나리오	
25%	1	A, 페스티벌 ○	
15%	2	A, 페스티벌 ×	C, 페스티벌 ○
10%	3	B, 페스티벌 ○	
5%	4	C, 페스티벌 ×	
0%	5	B, 페스티벌 ×	

ㄱ. (○) 할인율이 0%인 상황5의 경우를 보면 200,000원을 냈으므로 나은이가 사고 싶어하는 끌로에 오드 퍼퓸의 원래 가격은 20만 원임을 알 수 있다.

ㄴ. (×) 상황2의 경우에는 할인율이 15%인 경우로 쇼핑몰A에서 페스티벌 기간이 아닐 때 구매할 수도 있지만 쇼핑몰C에서 페스티벌 기간일 때 구매한 경우도 가능하므로 170,000원을 지불하는 상황2의 경우 쇼핑몰 C에서 구매한 것일 수도 있다.

ㄷ. (×) 쇼핑몰 B의 배송 최대 기간은 3일이므로 나은이는 5일 이전에 받는다.

19.

정답 ③ **정답률** 45.63%

해설

A~E까지의 아령의 각 무게를 각 알파벳이라 놓고 식을 세워볼 수 있다.

− A부터 E까지의 무게를 순서대로 나열하면 :

$A < B < (C = 20) < D < E$

− B와 C의 무게를 더한 것이 E와 수평을 이루었으므로 :

$B + (C = 20) = E$

− D 1개는 A 4개를 묶은 것보다 가벼웠으므로 :

$4A > D$

− 어떤 두 개의 아령을 합친 무게가 21kg라면, 경우는 두 가지가 있다.

1) A가 1kg이고 A와 C를 같이 잰 경우
D는 C보다 크므로 무게가 21kg 이상인데, A 4개는 4kg이므로 조건에 모순된다.

2) A와 B를 합쳐서 21kg인 경우
E는 B와 20만큼 차이나므로, E가 최대값을 가지기 위해선 B가 가능한 한 큰 값을 가져야 한다. A와 B의 합이 일정하므로 B가 크기 위해

서는 A가 가능한 한 작아야 한다.
조건에 의해 D는 적어도 21kg 이상이며, 4A가 D보다 크기 위해서는 A는 최소한 6kg는 되어야 한다.
A가 6kg면, B는 15kg가 되며, E는 35kg가 된다.

20.

정답 ④ **정답률** 55.13%

해설

영화 A를 선택한 직원의 수를 A, 영화 B를 선택한 직원의 수를 B, 영화 C를 선택한 직원의 수를 C라 하면, 주어진 글을 토대로 다음과 같은 식을 도출할 수 있다.
총 직원 수는 A + B + C = 340이다. 여기에 본문에 주어진 A = 2B를 대입하면 3B + C = 340, A = 5C를 대입하면 B + 6C = 340이 도출된다.
이 두 식을 연립하여 풀면 17C = 680이 도출된다. 따라서 C = 40이다.
이를 A = 5C에 대입하면 A = 200이 도출된다.

21.

정답 ④ **정답률** 15.90%

해설

- 먼저 숙박이 가능한 곳을 고른다. 각주에 숙박 가능 일에 써진 경우 다음 날 오전까지 숙박이 가능하다고 하였으므로 3일, 4일, 5일이 숙박 가능 일에 써져있어야 한다. A는 3일이 없으므로 불가능하고 나머지는 다 가능 하다. A를 제외시키지 않으면 답이 바뀌므로 주의한다. 또 실수로 D를 제외시켜버리는 경우 또한 답이 바뀌므로 주의한다.
- 이후 빠른 계산을 위해 점수를 매기기보다 제한 조건인 가격을 먼저 확인한다. 각주에 의하면 3일인 목요일은 주중이지만 4일 금요일과 5일 토요일은 주말에 해당한다. 이에 맞게 가격을 구하면 다음과 같으므로 E는 예산 조건에 맞지 않는다. 여기서 E를 제외시키지 못하면 정답이 바뀌므로 조심하도록 한다.

B	294,000
C	283,000
D	287,000
E	300,000

- 이제 B, C, D에 대해서 점수를 매기면 다음과 같다. 해설은 점수를 직접 다 매겼지만 실전에서는 빠른 계산을 위해 차이만 적는다. 예를 들어 조식은 0점 바다는 2점을 준다. 또, 거리의 경우에는 초과할 때마다 점수가 감점되는 것이므로 경계선의 값일 때에는 감점되지 않는 것을 주의한다. 이를 착오하면 답이 바뀌어 버린다.

	거리	서비스	비고	합
B	0	8	8	16
C	2	8	10	20
D	4	9	8	21

- 참고로 이 때 거리기준을 표로 정리하면 다음과 같다.

1760km 이하	10
1760km 초과 1920km 이하	8
1920km 초과 2080km 이하	6
2080km 초과 2240km 이하	4
2240km 초과 2400km 이하	2
2400km 초과	0

- 따라서 민지가 숙박할 곳은 D가 된다.

22.

정답 ② **정답률** 27.62%

해설

이 문제의 포인트는 '5명 중 거짓을 말한 사람이 한 명이고 자기 자신에 대해 언급을 하는 사람(A, E)은 반드시 참을 말한다.'라는 내용이다.
기호화 이전에 A 50%를 A가 50% 할인 쿠폰을 가지고 있다. A ~50%를 A가 50% 할인 쿠폰을 가지고 있지 않다. 라고 기호화한다고 하자.

먼저 주어진 조건을 기호화해보면,
A : (A 50% ∨ B 40%) → C ~30%
B : (D 20% ∨ E 10%) → (A ~20% & C 30%)
C : A ~20% & B 40%
D : B ~40% → A 20% or (B 40% ∨ A 20%)
※ (A → B)는 (~A ∨ B)와 동치임
E : D ~20% → (C ~30% & E 10%)

이 문제는 확정문(연어문)으로 제시된 C부터 시작해야 문제가 쉬워진다. 나머지 조건은 조건문으로 제시되어 있기에 이러한 조건으로부터 시작하면 해결이 어려울 수 있다.
우리는 여기에서 C부터 시작한다고 했을 때 C가 참을 말했는지 거짓을 말했는지 알지 못하므로 경우를 나눠야 한다.

1. C가 참이 아닌 경우
   C가 참이 아니라고 가정했으므로, C를 제외한 A, B, D, E의 진술은 모두 참이 보장된다.
   또한 C가 거짓이므로 (A 20% ∨ B ~40%)이다. 이를 D의 진술과 연계하면 A는 20%쿠폰을 가지고 있음을 얻을 수 있다.
   B의 대우를 보면 (A 20% ∨ C ~30% → D ~20% & E ~10%)을 구할 수 있고 이로부터 (D ~20%과 E ~10%)을 구할 수 있다. 그런데 E의 대우를 보면 (E ~10% ∨ C 30% → D 20%) 이 나온다. 이것은 B의 대우와는 모순이 생기는 것이다. 위의 선지를 보면 E의 말은 참이라고 했으므로 B의 말이 거짓이 된다. 하지만 여기서 우리는 C가 참이 아니라고 했는데 B도 거짓이 되므로 모순이 발생한다. 즉 C가 참이 아니라고 했을 경우 모순이 발생하므로 C는 반드시 참이다.

2. C가 참인 경우
   따라서, 우리는 C가 무조건 참임을 알 수 있고, A와 E도 참임을 안다. 그렇다고 했을 때, B, D 중에서 어떤 것이 거짓인지를 찾아야한다. 그런데 D를 거짓으로 놓건 B를 거짓으로 놓건 우리는 A ~20%, B 40%, C ~30%, D 20%를 확보할 수 있게 된다.

이를 표로 나타내면 다음과 같다.

	A	B	C	D	E
10					
20	×	×	×	O	×
30			×		
40	×	O	×	×	×
50					

그렇다고 했을 때, B의 대우는 거짓이 되게 된다. 즉 B의 말은 거짓이다.
이 때 B가 가진 쿠폰은 40% 할인쿠폰이다.

23.

정답 ④ **정답률** 45.45%

해설

이 문제는 순차적으로 논리적으로 검토하면서 천천히 조심스럽게 풀어가면 금방 풀 수 있다. 천 원 지폐, 오백 원 동전, 백 원 동전을 각각 '천', '오백', '백'이라 하면 진행상황은 다음과 같이 전개된다.

甲, 乙, 丙이 구매를 개시하기 전 돈의 현황이다:
천 × 5 / 오백 × 6 / 백 × 20

甲의 구매 이후 지폐가 3장 남았으므로 천 원 지폐는 2장을 썼음을 알 수 있다. 이 경우는 음료수와 아이스크림 구매 시 각각 천 원 지폐를 사용한 경우 밖에 없다. 나아가 오백 원 동전은 5개 남았으므로 1개 썼다는 뜻이므로 아이스크림에 오백 1개 썼음을 의미하고 음료수에는 백원 동전을 사용했음을 의미한다. 甲의 지출을 정리하면 다음과 같다.
음료수(1,300): 천 × 1 + 백 × 3
아이스크림(1,500): 천 × 1 + 오백 × 1

甲의 소비 후 남은 돈의 현황이다: 천 × 3 / 오백 × 5 / 백 × 17

乙의 소비 후 백 원 동전이 7개 남았다는 뜻은 10개를 사용했음을 뜻한다. 지출액 중 남은 2,000원은 동전만 사용하여 소비했으므로 오백 원 4개를 사용했다는 것을 알 수 있다. 乙의 지출은 다음과 같다.
초콜릿(3,000): 오백 × 4 + 백 × 10

따라서 乙의 소비 후 남은 돈의 현황이다: 천 × 3 / 오백 × 1 / 백 × 7

丙은 동전을 전부 남김없이 썼기 때문에 오백 원 동전 1개와 백원 동전 7개를 모두 사용하여 1,200원을 충당하고 추가로 천 원 지폐 2장을 썼다. 丙의 지출은 다음과 같다.
사탕(3,200): 천 × 2 + 오백 × 1 + 백 × 7

이때 소비 후 최종적으로 남은 돈은 천 원 지폐 1장이다.

① (×) 甲은 아이스크림 소비에 500원 동전 1개를 썼다.
② (×) 甲과 乙은 각각 500원 동전 1개, 4개 사용했다.
③ (×) 乙은 총 14개의 동전을 사용했다.
④ (○) 甲과 丙은 각각 500원 동전을 1개씩 사용했다.
⑤ (×) 丙은 지폐를 2장 썼다.

24.

정답 ② **정답률** 47.29%

해설

문제의 경비원들은 조건에 해당하는 교실에 불이 켜져 있다면 끄고, 꺼져 있다면 켠다. 따라서 각 경비원의 순찰 순서는 결과에 영향을 주지 않는다. 따라서 맨 처음에 모든 방이 불이 꺼져 있을 때 세 경비원이 A, B, C 순서대로 순찰을 하는 경우를 생각해본다. O는 불이 켜지는 경우, X는 불이 꺼지는 경우이다. 또는, 각 번호의 교실에서 불이 켜지고 꺼지는 횟수를 세어본다. 만일 전부 꺼져있다고 가정할 때 짝수 번 불이 켜지고 꺼진다면, 원래대로 꺼진 상태가 되고 홀수 번 불이 켜지고 꺼진다면 불이 켜진 상태가 유지된다. 홀수는 1, 3, 5, 7이고 소수는 2, 3, 5, 7이다. 또한 6의 약수는 1, 2, 3, 6이므로 6을 제외하면 1, 2, 3이다. 따라서 다음과 같은 결과가 나온다.

구분 \ 교실	1번	2번	3번	4번	5번	6번	7번
경비원A	○	×	○	×	○	×	○
경비원B	○	○	×	×	×	×	×
경비원C	×	×	○	×	×	×	×
조작 횟수	2번	2번	3번	0번	2번	0번	2번

따라서 3번 교실이 맨 처음에 불이 켜져 있었다.

25.

정답 ⑤ **정답률** 33.81%

해설

① (×) 후보자가 아니라 제□□조 및 제○○조 제1호에 따라 예비후보자가 할 수 있다.
② (×) 제○○조 제2호에 따라 자동 동보통신의 방식으로 문자 메시지를 보내며 선거운동을 할 수 있는 최대 횟수는 예비후보자, 후보자 총 합쳐서 8회이다. 따라서 6회 추가로 할 수 있다.
③ (×) 제○○조 제4호에 따라 후보자와 예비후보자 모두 선거기간 개시일 이전에 확성기를 통한 선거운동을 할 수 없다.
④ (×) 제○○조 제4호에 따라 전자우편 전송대행업체에게 위탁하여 전자우편을 전송하여 전자우편을 전송할 수 있는 사람은 후보자와 예비후보자이다. 예비후보자가 되려는 자는 해당되지 않는다.
⑤ (○) 예비후보자는 제□□조 제1항 제2호에 따라 명함을 통한 선거운동을 할 수는 있지만, 종교시설에서는 불가하다.

자료해석영역

정답

1	⑤	2	①	3	④	4	①	5	④
6	⑤	7	②	8	①	9	④	10	②
11	③	12	③	13	①	14	①	15	⑤
16	③	17	⑤	18	④	19	④	20	③
21	⑤	22	②	23	③	24	①	25	②

1.

정답 ⑤ **정답률** 42.15%

해설

- 첫 번째 조건에서 갑의 평균기록이 가장 높은 날과 가장 낮은 날의 차이가 0.58m라고 하였으므로 현재 나타나 있는 1일차, 3일차, 4일차 중에서 평균기록이 가장 높은 날과 가장 낮은 날에 동시에 있을 수는 없다.
- 현재 나타나 있는 기록 중에서 평균기록이 가장 높은 날을 4일차로 가정하면, 최저기록이 7.40m 이상이라는 조건 때문에 2일차 또는 5일차와의 평균기록 차이가 0.58m가 될 수 없기 때문에 모순된다.
  따라서 평균기록이 가장 높은 날은 2일차 또는 5일차이다. 이때 5일차는 주어진 2회 기록과 최고 및 최저기록 조건상 평균기록 차이를 0.58m로 만들 수 없기 때문에 평균기록이 가장 높은 날이 될 수 없다. 결국 갑의 평균기록이 가장 높은 날은 2일차가 된다.
- 2일차가 평균기록이 가장 높은 날이므로 평균기록이 가장 낮은 날은 3일차 또는 5일차가 된다. 이때 각 선수의 최고기록이 8.20m 이하라는 조건으로 인해 2일차와 3일차의 평균기록 차이가 0.58m가 될 수 없으므로 3일차는 평균기록이 가장 낮은 날이 될 수 없다.
- 2일차와 5일차의 평균기록 차이가 0.58m이고, 5일차의 평균기록이 7.45m보다 낮아질 수는 없다.
  따라서 2일차의 평균기록은 최소 8.03m이고, 2일차 2회 기록은 최소 8.10m로 갑의 최고기록이 된다.
- 을의 1일차 평균기록이 8.00m이므로 조건에 따라 2일차와 5일차 평균기록도 8.00m가 된다. 여기서 바로 2일차 1회 기록이 8.11m라는 것을 알 수 있다.
  따라서 을의 최고기록은 5일차 2회의 8.12m가 된다.
- 정리하면 갑의 최고기록은 2일차 2회에, 을의 최고기록은 5일차 2회에 시행되었다.

2.

정답 ① **정답률** 51.78%

해설

ㄱ. (○) 대학별 여교수 비율은 $\frac{\text{여성}}{\text{전체}}$의 값으로 비교할 수 있다. 국공립대학의 경우를 계산해보면 $\frac{3,093\text{명}}{18,495\text{명}}$ = 0.2 미만이고 사립의 경우는 $\frac{14,152\text{명}}{54,351\text{명}}$ = 0.2 이상이다. 따라서 국공립 대학 여교수 비율이 사립대학 여교수 비율보다 낮다.

ㄴ. (×) 전체 대학 여교수 중에서 국공립대학 여교수 수가 차지하는 비율은 $\frac{3,093}{17,245}$으로, 17,245의 15%는 1,724.5 + 862.25 = 2,586.75이다. 분자인 3,093은 2,586.75보다 크므로, 국공립대학 여교수 수가 차지하는 비율은 15%를 초과한다.

ㄷ. (○) 자연과학계열의 여교수 비율은 $\frac{4,081\text{명}}{13,053\text{명}}$이고 인문사회계역의 여교수 비율은 $\frac{7,671\text{명}}{27,041\text{명}}$이다. $\frac{7,671\text{명}}{27,041\text{명}}$을 $\frac{4,081\text{명}}{13,053\text{명}}$과 비교하면 분자는 2배 미만이고 분모는 2배 이상으로 분자의 증가율이 더 작으므로 $\frac{4,081\text{명}}{13,053\text{명}} > \frac{7,671\text{명}}{27,041\text{명}}$이다. 따라서 자연과학계열의 여교수 비율은 인문사회계열 여교수 비율보다 높다.

ㄹ. (×) 남교수가 여교수의 2배 이상인지는 '전체'가 '여성'의 3배 이상인지로 계산해보는 것이 효율적이다. 사립대학 자연과학계열을 살펴보면 '전체'는 8,952명이고 '여성'의 3배는 3,180명×3 ≒ 9,000명 이상이므로, 전체가 여교수의 3배 미만이다. 따라서 자연과학계열의 경우 남교수 수가 여교수 수의 2배보다 적다.

3.

정답 ④ **정답률** 32.42%

해설

① (○) 첫 번째 문단에 5개 전문직의 등록인원 수와 남성 비율이 주어져 있으므로 여성 등록인원 수를 구할 수 있다. 예를 들어, A의 여성 등록인원 비율이 18.4%이므로 여성 등록인원 수는 20,531 × 0.184 = 약 3,778명이다. 동일한 방법으로 B ~ E의 여성 등록인원 수와 표의 수치가 일치한다는 것을 확인할 수 있다.

② (○) 여성 대비 남성 등록인원 수는 $\frac{\text{남성등록인원비율}}{\text{여성등록인원비율}}$을 계산하여 구할 수 있다. 예를 들어, B의 남성 등록인원 비율이 86.0%이므로 $\frac{86}{14}$ = 약 6.1명이다. 동일한 방법으로 다른 전문직의 여성 대비 남성 등록인원 수와 표의 수치가 일치한다는 것을 확인할 수 있다.

③ (○) 첫 번째 문단에 A의 등록인원이 주어져 있고, 네 번째 문단에 A의 연령별 등록인원이 주어져 있으므로 A의 연령분포를 구할 수 있다. 예를 들어, A 등록인원 중 20대 이하 비중은 $\frac{678}{20,531}$ = 약 3.3%이다. 동일한 방법으로 30대, 40대, 50대 이상의 비중을 확인할 수 있다.

④ (×) 5개 전문직 임금수준에 대한 내용은 두 번째 문단에서 확인할 수 있다. 표에서 A의 상위 25% 임금이 1,100만 원으로 가장 높고, 상위 25% 임금이 540만 원으로 가장 낮은 C의 2배 이상임이 확인 가능하다. 또한 C의 경우 5개 전문직 중에서 하위 25% 임금, 중위 50% 임금, 상위 25% 임금이 모두 가장 낮음을 확인할 수 있다. 한편, 상위 25% 임금과 중위 50% 임금의 차이는 D가 가장 작으나 중위 50% 임금과 하위 25% 임금의 차이는 C가 가장 작다. 따라서 보고서와 자료가 부합하지 않는다.

⑤ (○) 첫 번째 문단에 5개 전문직의 등록인원이 주어져 있고, 마지막 문단에 5개 전문직의 고졸이하 등록인원이 주어져 있으므로 등록인원 중 고졸이하 비중을 구할 수 있다. 예를 들어, C 등록인원 중 고졸이하 비중은 $\frac{905}{11,174}$ = 약 8.1%이다. 동일한 방법으로 다른 전문직의 고졸이하 비중을 확인할 수 있다.

4.

정답 ① **정답률** 24.05%

해설

ㄱ. (○) 패키지 A를 보면 2년 구독료는 422,400원으로 1년 구독료 224,400원의 2배보다 저렴하다. 이는 패키지 B, C, D를 살펴봐도 동일하다. 따라서 패키지 A~D를 1년씩 두 번 구독하는 것보다 2년 정기 구독하는 것이 더 저렴하다.

ㄴ. (×) 단품으로 잡지를 1년간 구입할 때의 비용은 다음과 같다.

→ 수학탐험: 10,500원 × 12개월 = 126,000원
→ 과학탐험: 11,500원 × 12개월 = 138,000원
→ 예술탐험: 17,500원 × 12개월 = 210,000원

단품으로 잡지를 1년간 구입할 때의 비용과 1년 정기 구독료의 차이를 살펴보면,

→ 수학탐험: 126,000원 − 124,200원 = 1,800원
→ 과학탐험: 138,000원 − 113,400원 = 24,600원
→ 예술탐험: 210,000원 − 162,000원 = 48,000원

➡ 따라서 1년 단품구매가격의 총합과 1년 정기구독료 차이가 가장 큰 잡지는 '예술탐험'이다

ㄷ. (×) 단품의 연간 구매가격은 1년 정기구독료보다 비싸고, 2년간 지불하는 1년 정기구독료는 2년 정기구독료보다 비싸다는 것은 〈표〉를 통해 알 수 있다. 비교할 부분은 '2개 잡지씩만 포함된 패키지 A, B, D 각각 + 빠져있는 잡지의 단품 2년 정기 구독료의 합'을 '3개 잡지가 모두 포함된 패키지 C의 2년 정기구독료'와 비교하는 것이다.

패키지 A + '예술탐험' 2년 정기구독료 = 422,400원 + 306,000원 = 728,400원

패키지 B + '과학탐험' 2년 정기구독료 = 489,600원 + 214,200원 = 703,800원

패키지 D + '수학탐험' 2년 정기구독료 = 508,800원 + 234,600원 = 743,400원

패키지 C = 710,400원

따라서 패키지 B와 '과학탐험'을 2년 정기 구독하는 경우 전체 구독료는 703,800원이 되어 710,000원 미만이다.

5.

정답 ④ **정답률** 41.31%

해설

- 〈보고서〉의 내용에 따라 차분하게 하나씩 선지를 소거해 나가면 된다.
- '갑국의 2000년 특허출원현황 건수는 1980년에 비해 증가하였다.' 에 따라 증가가 아닌 감소한 C를 소거한다.
- '해당 증가율은 50%를 상회하여'에 따라 E를 소거한다. E의 1980년 대비 2000년 특허출원현황 건수의 증가율은 어림산으로도 50% 미만임을 알 수 있다.($\frac{4,055}{15,936}$ = 약 25.45%)
- '갑국의 2018년 특허출원현황 건수는 2000년과 비교했을 때는 감소하였으나'에 따라 감소가 아닌 증가한 B를 소거한다.
- 남은 국가는 A와 D이고 '또한 갑국의 2018년 특허출원현황 건수는 2008년과 비교하여도 20%를 초과하는 감소율을 보였다.'에 따라 D가 소거되고 A가 갑국으로 확정된다. D국의 2008년 대비 2018년 특허출원현황 건수의 감소율은 어림산으로도 20% 미만임을 알 수 있다. ($\frac{4,155}{40,316}$ = 약 10.31%)
- 갑국은 A이고 2018년 특허출원현황 건수는 313,567건이다.

6.

정답 ⑤ **정답률** 35.71%

해설

〈표 1〉 남북간 수송수단별 운행 횟수 현황

구분		운행횟수(회)		
		남→북	북→남	계
선박	2018년	3,657	3,778	7,435
	2019년	1,265	1,312	2,577
	증감율	△65.4%	△65.3%	△65.3%
자동차	2018년	104,752	104,397	209,149
	2019년	74,252	74,084	148,336
	증감율	△29.1%	△29.0%	△29.1%
항공기	2018년	32	32	64
	2019년	5	6	11
	증감율	△84.4%	△81.3%	△82.8%
철도	2018년	210	210	420
	2019년	−	−	−

〈표 2〉 남북간 수송수단별 물동량 현황

구분		물동량		
		남→북	북→남	계
선박	2018년	143,824	14,915,782	15,059,606
	2019년	65,255	1,843,785	1,909,040
	증감율	△54.6%	△87.6%	△87.3%
자동차	2018년	382,848	58,751	441,599
	2019년	148,842	81,370	230,212
	증감율	△61.1%	38.5%	△47.9%
항공기	2018년	1,729	2,017	3,746
	2019년	13	33	46
	증감율	△99.2%	△98.4%	△98.8%
철도	2018년	55.4	36	91.4
	2019년	−	−	−

ㄱ. (×) 〈표 1〉과 〈표 2〉를 연결하는 문제이다. 〈표 1〉에 운행횟수가 있고, 〈표 2〉에 물동량이 제시되어 있으므로 일단 남→북의 2019년 전년대비 자동차의 운행횟수당 물동량을 구해보자. 여기서 중요한 점은 2019년의 자동차의 운행횟수당 물동량과 2018년의 자동차의 운행횟수당 물동량을 따로 구해서 문제를 풀지 말고 자동차의 운행횟수당 물동량은 결국 분수구조로 $\frac{\text{자동차 물동량}}{\text{자동차의 운행횟수}}$이므로 전년대비 분자인 자동차 수송인원의 감소율과 운행횟수의 감소율의 크기를 비교하여 $\frac{\text{자동차 물동량}}{\text{자동차의 운행횟수}}$값의 증감여부를 판단하면 된다.

우선 '남→북' 자동차 물동량의 전년대비 감소율은 위 〈표 2〉에서와 같이 61.1%이다. 그리고 운행횟수의 감소율은 〈표 1〉에서 구해진 바와 같이 29.1%이다. 따라서 분자의 감소율이 분모의 감소율보다 크므로 전년대비 운행횟수 당 자동차 물동량의 값은 감소한다.

다음으로 북→남의 값을 구하면 위와 동일한 논리로 분자인 자동차 물동량의 증가율은 38.5%인데, 분모인 운행횟수의 감소율은 29%이다. 따라서 $\frac{\text{자동차 물동량}}{\text{자동차의 운행횟수}}$ 값은 증가한다.

ㄴ. (○) 위 〈표 1〉에서 선박의 경우 2019년 남한에서 북한으로 운행하는 횟수의 전년대비 감소율(A)은 65.4%이고 북한에서 남한으로 운행

하는 횟수의 전년대비 감소율(B)은 65.3%로서 전자가 후자보다 큼을 알 수 있다. A는 3,657에서 1,265로 감소하였고, B는 3,778에서 1,312로 감소하였다.

따라서 A의 감소율은 $1-\frac{1,265}{3,657}$이고 B의 감소율은 $1-\frac{1,312}{3,778}$이다. $\frac{1,265}{3,657}<\frac{1,312}{3,778}$이므로 감소율은 A가 B보다 크다.

ㄷ. (○) 항공기의 경우에 2018년에 총 1,729 + 2,017 = 3,746톤이 이동하였고, 2019년에 13 + 33 = 46톤이다. 감소율이 95%를 초과하는지 묻고 있으므로 46이 3,726의 5%미만인지만 판단하면 된다. 3,746의 10%값은 374.6이고 5%값은 이의 절반이므로 187.3이다. 46톤은 5%인 187.3톤보다 작으므로, 감소율은 95%를 초과한다.

7.

정답 ② **정답률** 49.86%

해설

ㄱ. (○) 브라질이 10,017천 명에서 31,178천명으로 약 3배 증가하여 가장 높다.

ㄴ. (×) 터키가 36.6%p 증가하여 가장 높다. 이탈리아는 29.9%p 증가하였다.

ㄷ. (○) 제시된 자료를 바탕으로 인구 = $\frac{\text{초고속 인터넷 가입자 수}}{\text{인구 백 명당 초고속 인터넷 가입자}}$ ×100로 도출할 수 있다. 터키의 2008년 인구와 2018년 인구를 비교하면, $\frac{5,757}{8.2}\ vs\ \frac{13,407}{16.3}\rightarrow\frac{11,514}{16.4}\ vs\ \frac{13,407}{16.3}$에서 분자 증가율이 15% 이상이므로 터키의 인구 증가율이 15% 이상임을 알 수 있다.

ㄹ. (×) 2018년 브라질의 인구와 이탈리아 인구를 비교하면, $\frac{31,178}{14.9}\ vs\ \frac{16,994}{28.0}\rightarrow\frac{62,356}{29.8}\ vs\ \frac{16,994}{28.0}$에서 분모 부분에서 29.8 > 28.0이고, 62,356이 16,994의 4배에 못 미치므로 브라질의 인구는 이탈리아 인구의 4배보다는 적음을 알 수 있다.

8.

정답 ① **정답률** 29.89%

해설

ㄱ. (○) 2019년 업체 A의 온실가스 배출량은 $\frac{900}{0.9}$ = 1,000천tCO2eq.이고, 업체 B의 온실가스 배출량은 $\frac{700}{0.8}$ = 875천tCO2eq.이므로 업체 A의 온실가스 배출량이 더 많다.

ㄴ. (○) 2016 ~ 2019년 동안 업체 A의 연평균 철강 생산량은 $\frac{2,900}{4}$ = 725천 톤이고, 업체 B의 연평균 철강 생산량은 $\frac{1,400}{4}$ = 350천 톤이므로 업체 A가 업체 B의 2배 이상이다.

ㄷ. (×) 업체 B의 온실가스 배출 효율성이 업체 A보다 높은 연도는 2018년뿐이다. 2018년 업체 A의 온실가스 배출량은 $\frac{700}{1}$ = 700천tCO2eq.이고, 업체 B의 온실가스 배출량은 $\frac{400}{1.25}$ = 320천tCO2eq.이므로 업체 A의 온실가스 배출량이 업체 B의 2배 이상이다.

ㄹ. (×) 업체 B의 경우 매년 철강 생산량이 크게 증가하고 있고, 온실가스 배출 효율성은 2016, 2017, 2019년에 0.8로 같다. 따라서 2018년의 온실가스 배출량이 전년대비 증가하였는지만 확인하면 된다. 2018년 온실가스 배출 효율성은 전년대비 60% 미만 증가하였고 철강 생산량은 2배 증가하였으므로 온실가스 배출량이 증가하였음을 알 수 있다. 따라서 업체 B의 온실가스 배출량은 매년 증가하였다. 업체 A의 경우 2017년에 철강 생산량은 전년대비 약 14% 감소하였고 온실가스 배출 효율성은 4% 감소하였다. 따라서 2017년 업체 A의 온실가스 배출량은 2016년보다 감소하였다.

9.

정답 ④ **정답률** 32.53%

해설

〈조건〉의 정보들을 편의상 조건 1~4로 부르고, 각 조건들을 정리하면 다음과 같다.

〈조건 1〉: 2017~2018년 신청면적이 전년대비 매년 감소한 사업은 쌀고정직불, C, D이다. 따라서 C, D는 각각 쌀변동직불 또는 조건불리직불이다.

〈조건 2〉: 2016년 점검면적의 경우 논이모작직불과 조건불리직불의 합은 밭고정직불의 절반인 68천ha 이상이다. 앞서 조건1에서 조건불리직불은 C또는 D임을 확인하였으므로 가능한 경우의 수는 (조건불리, 논이모작) = (C, A), (C, B), (D, A), (D, B)로 4개이다.

〈조건 3〉: 2017년 점검비율이 가장 높은 사업은 B(100%)이고, 그 다음으로 높은 사업은 50%를 홀로 초과하는 A이다. 따라서 논이모작직불은 A이다.

〈조건 4〉: 2018년 전체 농업직불사업의 부적합비율을 구하면 $\frac{26}{2,006}$, 쌀변동직불로 가능한 것은 C 또는 D인데 이들의 부적합비율은 각각 $\frac{1}{96}$, $\frac{11}{668}$이다.

26 × 96 = 2,496 〉 2,006이므로 C가 전체 농익직불사업보다 작다. 따라서 D가 쌀변동직불, C는 조건불리직불이다. 이에 따라 경관보전직불은 B가 된다.

10.

정답 ② **정답률** 26.46%

해설

① (○) 정밀검사 및 무작위표본검사로 이루어진 식품 수입신고 건수가 〈표2〉의 수치와 일치하므로 적절한 그래프이다.

② (×) 〈표1〉의 식품 수입신고 건수 및 중량의 수치구조를 확인해보면, 매년 건수 증가율이 중량 증가율보다 커서 수입신고 1건당 중량은 꾸준히 감소함을 알 수 있다. 그러나 그래프에서는 2017년에 수입신고 1건당 중량이 증가한다고 표현하고 있으므로 적절하지 않은 그래프이다.

③ (○) 2015년에 서류검사로 이루어진 식품 수입신고 비중은 $\frac{374}{598}\times100\fallingdotseq62.5$%로 그래프에 나타난 수치와 같고, 동일한 방법으로 2016년 이후의 비중을 구하면 그래프에 나타난 수치와 같은 것을 확인할 수 있다.

④ (○) 2016년 식품 수입금액의 전년대비 증가율은 $\frac{0.1}{23.3}\times100\fallingdotseq0.4$%로 그래프에 나타난 수치와 같고, 동일한 방법으로 2017년 이후의 증가율을 구하면 그래프에 나타난 수치와 같은 것을 확인할 수 있다.

⑤ (○) 2019년 식품 수입신고의 검사종류별 비중은 $\frac{473}{738}\times100\fallingdotseq64.1$%로 그래프에 나타난 수치와 같고, 동일한 방법으로 나머지 검사의 비중을 구하면 그래프에 나타난 수치와 같은 것을 확인할 수 있다.

11.

정답 ③ **정답률** 51.02%

해설

무역특화지수를 계산하는 공식에 따라 수출액, 수입액, 무역특화지수를 계산할 수 있다. 예를 들어 밀의 무역특화지수는 $\frac{600-400}{1,000}\times 100 = 20$이다. 동일한 방식으로 빈칸을 채워보면 다음과 같다.

구분 / 농산물	수출액 (억 달러)	수입액 (억 달러)	무역특화지수
밀	600	400	(20)
쌀	300	(300)	0
옥수수	375	125	(50)
감자	120	(180)	−20
수수	(140)	60	40
콩	30	120	(−60)
양파	(180)	220	−10

ㄱ. (○) 쌀의 수입액은 300억 달러이고 감자의 수출액과 수입액을 더해보면 300억 달러이다. 따라서 양자는 동일하다.

ㄴ. (×) 무역특화지수가 가장 큰 농산물은 50인 옥수수이다. 콩은 −60으로 무역특화지수가 가장 작다.

ㄷ. (×) 7가지 농산물 수출액의 합은 1,745억 달러이고, 수입액의 합은 1,405억 달러이다. 1,405의 25%, 즉 $\frac{1}{4}$은 351.25이므로, 1,405 + 351.25 〉 1,745이다. 따라서 수출액의 합은 수입액의 합보다 25% 미만으로 크다.

ㄹ. (○) 2021년 밀 수출액만 2배 증가하면, 2021년 밀 무역특화지수는 $\frac{1,200-400}{1,200+400}\times 100 = 50$이다. 따라서 2021년 밀 무역특화지수는 2020년 옥수수 무역특화지수와 50으로 동일하다.

12.

정답 ③ **정답률** 64.40%

해설

주어진 표의 빈칸의 값을 계산하면 다음과 같다.

연도 / 구분 / 지역	2020			2019		
	일반가구	1인가구	비중	일반가구	1인가구	비중
서울	3,982,290	1,390,701	34.9	3,896,389	1,297,498	33.3
종로구	63,414	25,983	41.0	62,652	24,671	39.4
중구	55,093	22,818	41.4	54,496	22,078	40.5
용산구	95,714	36,881	38.5	93,177	35,148	37.7
성동구	122,186	42,585	34.9	122,770	41,488	33.8
광진구	152,090	62,357	41.0	149,905	58,714	39.2
부산	1,405,037	455,207	32.4	1,337,030	423,227	30.7
대구	985,816	304,543	30.9	968,620	284,416	29.4
인천	1,147,200	324,841	28.3	1,120,576	297,865	26.6
광주	599,217	193,948	32.4	587,159	182,364	31.1
대전	631,208	228,842	36.3	609,043	205,248	33.7
울산	444,087	122,848	27.7	437,094	116,015	26.5

ㄱ. (○) 2020년 특별시 및 6개 광역시 중 1인가구 비중이 가장 높은 곳은 대전 36.3%이고, 가장 낮은 곳은 울산 27.7%이다. 대전의 1인가구 비중을 직접 계산하기보다 35%를 넘어가는지 확인한다.

ㄴ. (×) 1인가구 비중 증가폭이 크다고 해서 1인가구수 증가폭도 크다고 장담할 수 없다. 대전 1인가구수 증가폭은 약 23,600가구로 서울(약 90,000명)보다 인구수 증가폭이 작다.

ㄷ. (○) 서울의 일반가구 수가 2019년 390만 가구 미만이고 1인가구 비중이 33.3%이므로 위의 표에서와 같이 1인가구수는 130만 가구 미만임을 알 수 있다.

ㄹ. (×) 광진구의 1인가구수는 2020년 62,357명으로 전년 대비 약 3,600가구 증가하였다. 광진구의 1인가구 비중이 41%이므로 대략 40%로 계산해도 5,000 가구까지는 증가하지 않음을 알 수 있다.

13.

정답 ① **정답률** 37.61%

해설

2018년 자동차 판매량이 13만 대인데, 2018년 목표 판매량 달성도가 160%이므로 2018년 목표 판매량을 X라고 하면 X × 1.6 = 13만 대, X = $\frac{13만\ 대}{1.6}$, X = 8.125(만 대)가 된다. 그리고 2018년 목표 판매량 달성도는 160%이므로 2019년 목표 판매량은 8.125(만 대) × 1.5 = 12.1875(만 대)로 약 12.2(만 대)이다.

14.

정답 ① **정답률** 38.02%

해설

ㄱ. (○) 범주가 같으므로 부채비율을 가지고, 부채의 크기를 비교할 수 있다. 2008년과 2020년 2분기 모두 기업부채, 정부부채, 가계부채 순으로 부채비율이 높으므로 부채가 많은 순위와 일치한다.

ㄴ. (○) 2008년 한국의 총 부채에서 가계부채가 차지하는 비중은 $\frac{71.0}{189.2}$로 약 37.53%이다.

2008년 선진국의 총 부채에서 기업부채가 차지하는 비중은 $\frac{86.5}{239.2}$로 약 36.16%이므로 전자가 크다.

후자는 전자에서 분모 50, 분자 15.5가 추가된 구조인데 $\frac{15.5}{50}$ = 31%이다. 40%가 육박하는 전자에서 31%의 값이 추가되므로 값은 작아진다.

ㄷ. (×) 신흥국 부채비율의 2008년 대비 2020년 2분기 증가율이 가장 큰 종류는 가계부채이다. ($\frac{25.5}{19.7}$ = 약 129.44%) 기업부채의 증가율은 ($\frac{52.8}{56.0}$ = 약 94.29%)이다. 기업부채는 증가폭이 가장 큰 것이다. 또한 어림산으로도 가계부채만이 증가율이 100% 이상이고 나머지는 100% 미만이므로 쉽게 파악할 수 있다.

ㄹ. (×) 한국의 정부부채 비율은 2008년 22.9%에서 2020년 2분기 45.2%로 2배 미만으로 증가하였다. 그러나 이는 GDP 대비 정부부채의 비율이다. 즉 2008년과 2020년 2분기의 GDP를 모르기 때문에 단순히 GDP 대비 정부부채의 비율만 가지고 정부부채가 2배 미만으로 증가하였는지는 알 수 없다. 실제로 한국의 2020년 2분기 GDP는 2008년보다 2배 가까이 크며, 정부부채는 2배보다 더 크다.

[유의사항 및 Tip]
범주가 같을 때는 비율을 가지고 대소비교가 가능하지만, 범주가 다를 경우에는 구체적인 수치가 주어져 있거나 추론이 가능하지 않은 이상 비율만 가지고 대소를 비교할 수 없다. 전자는 ㄱ, 후자는 ㄹ에 해당한다. 이에 유의할 것!

15.

정답 ⑤ **정답률** 42.57%

해설

① (○) 강사 수가 가장 많은 시험은 A이다. A시험의 등록인원 대비 출석인원은 $\frac{97{,}521\text{명}}{104{,}564\text{명}}$으로 90% 이상인 반면, 다른 시험은 90% 미만이다. 따라서 학원 등록인원 대비 학원 출석인원이 가장 높은 시험은 강사 수도 가장 많다.

② (○) E시험의 학원 의존도는 $\frac{25{,}125\text{명}}{50{,}219\text{명}}$ = 약 50%인 반면, C시험의 학원 의존도는 $\frac{87{,}544\text{명}}{68{,}742\text{명}}$으로 약 120%이다. 따라서 C시험의 학원의존도는 E시험의 2배를 초과한다.
TIP. E시험의 의존도가 약 50%인 것을 참조하여, C학원의 의존도가 약 100% 이상이어야 한다는 점을 파악하면, C시험의 등록인원이 응시인원보다 크다는 것으로부터 쉽게 추론할 수 있다.

③ (○) 불합격한 사람의 비율이 40% 이상이라는 것은 반대로 해석하면 합격한 사람의 비율이 60%가 되지 않는다는 것을 말한다. A시험의 합격률은 $\frac{56{,}251\text{명}}{103{,}254\text{명}}$으로 60%가 안 된다. 다른 시험도 계산해 보면 모두 60% 미만임을 알 수 있다. 따라서 A ~ E시험은 불합격한 사람의 비율이 모두 40% 이상이다.

④ (○) 전체 강사 수는 30,319명이고 C시험 9,225명과 D시험 1,067명을 더하면 10,292명이므로 전체 강사수의 $\frac{1}{3}$을 넘는다.

⑤ (×) '2019년 대비 2020년 E시험의 응시인원은 2배 증가하고 합격 인원은 동일하다면, 2020년 E시험의 합격률은 30% 이상이다.'는 것은 '2019년 합격률이 60% 이상'인지를 묻는 것과 동일하다. 2019년 분모인 시험 응시인원은 50,249명으로 50,000명이 넘지만, 분자인 합격 인원은 29,065명으로 50,000의 60%인 30,000명에 미치지 못한다. 따라서 2019년 E시험의 합격률은 60% 미만이므로 2020년 E시험의 합격률은 30% 미만이다.

16.

정답 ③ **정답률** 28.06%

해설

ㄱ. (×) <그림 1>은 렌터카 교통사고 '가해사망자'의 연령별 현황이다. 따라서 18~20세 12.3%와 21~30세 44.3%의 합인 56.6%가 의미하는 것은 가해사망자 중 56.6%가 해당 연령대라는 것이다. 하지만 <보고서>에서는 가해자가 30세 이하 운전자인 것으로 되어 있다.

ㄴ. (×) <그림 1>은 렌터카 교통사고 가해사망자의 연령별 현황을 나타내고 있고 <그림 2>는 렌터카 20대 이하 월별 운전사망자 수와 점유율을 나타내고 있다. 교통사고로 인한 사망자 수는 주어진 자료만 가지고는 판단할 수 없다.

ㄷ. (○) <그림 2>를 통해 확인할 수 있다. 8월 20대 이하 운전사망자 수는 29명으로 8월 전체 운전사망자 중 70% 이상을 차지하고 있다. 따라서 20대 이하를 제외한 나머지 연령대의 운전사망자 비율은 30% 정도로 20대 이하 운전사망자 수가 가장 많았다.

ㄹ. (○) 6월 렌터카 운전자 사망자 수는 $\frac{25}{0.5435}$이고 11월은 $\frac{10}{0.3226}$이다. 분모와 분자 증가율을 비교해 보면 분모는 0.3226에서 0.5435로 2배가 안 되지만 분자는 10에서 25로 2.5배이다. 따라서 운전사망자 수는 6월이 11월보다 많다.

17.

정답 ⑤ **정답률** 18.52%

해설

① (×) 2014년 수입액은 0.51 × 16,818 = 약 8,577억 원이고, 2015년 수입액은 0.49 ×17,209 = 약 8,432억 원이므로 2014년 수입액이 더 많다.

② (×) 2018년 수입액은 0.48 × 26,113 = 약 12,534억 원이고, 2019년 수입액은 0.51 × 25,377 = 약 12,942억 원이므로 2019년 수입액이 더 많다.

③ (×) 2012 ~ 2016년 동안 대부분 생산품목수 증가율이 생산업체수 증가율보다 작기 때문에 생산업체 1개당 생산품목수는 감소하는 추세임을 알 수 있다. 예를 들어, 2012년 대비 2013년 생산품목수 증가율은 1% 미만이지만, 생산업체수 증가율은 4% 이상이다. 그러나, 2015년에 전년대비 생산품목수가 크게 증가하였으므로 해당 연도를 주의깊게 보아야 한다. 2014년 대비 2015년 생산업체수 증가율은 9% 미만이고, 생산품목수 증가율은 9% 이상임을 확인함으로써 생산업체 1개당 생산품목수가 증가했음을 알 수 있다.

④ (×) 2014 ~ 2019년 동안 전년대비 생산업체수 증가율보다 생산액 증가율이 큰 해가 몇 번 있는지 확인한다. 먼저, 2016년의 전년대비 생산업체수 증가율이 10% 미만이고, 생산액 증가율이 10% 이상이므로 생산업체 1개당 생산액이 전년대비 증가하였음을 알 수 있다. 또한, 2017년에는 생산업체수가 전년과 같고 생산액은 증가하였으므로 생산업체 1개당 생샌액이 전년대비 증가하였음을 쉽게 확인할 수 있다. 그러나 이 외 해에는 생산업체 1개당 생산액이 전년대비 감소하였으므로 증가한 해는 2번 있다.

⑤ (○) 수입업체 1개당 수입액은 생산액 × $\frac{\text{생산액 대비 수입액}}{\text{수입업체수}}$을 통해 구할 수 있다. 여기서, '생산액 대비 수입액'에 100을 곱해 주어도 비교 결과는 달라지지 않으므로 각 연도에 100을 곱해 줌으로써 각 연도의 $\frac{\text{생산액 대비 수입액}}{\text{수입업체수}}$값을 1 근방의 값으로 보는 것이 편리하다. 각 연도의 생산액이 $\frac{\text{생산액 대비 수입액}}{\text{수입업체수}}$값보다 상대적으로 큰 차이를 보이기 때문에, 생산액이 큰 2017 ~ 2019년이 주된 비교 대상이 된다. 여기서, 2017년과 2018년 생산액이 거의 같은 반면, $\frac{\text{생산액 대비 수입액}}{\text{수입업체수}}$값은 2018년이 더 크므로 2017년은 제외시킬 수 있다. 2018년과 2019년을 비교하면, 2018년 생산액은 2019년보다 약 3% 크고, 2019년 생산액 대비 수입액은 2018년보다 약 6%, 수입업체수는 약 2% 크다. 어림산하면 분자에서의 6% 증가 효과가 분자에서의 3% 감소 및 분모에서의 2% 증가효과보다 크므로, 수입업체 1개당 수입액은 2019년이 더 많다고 판단할 수 있다. 2018년과 2019년의 수입업체 1개당 수입액을 실제로 계산해보면,

2018년: 26,113 × $\frac{0.48}{42}$ = 약 298,

2019년: 25,377 × $\frac{0.51}{43}$ = 약 301으로 2019년의 값이 더 크다.

18.

정답 ④ 정답률 23.78%

해설

- 조건에 따라 A ~ E를 갑 ~ 무와 매칭시킨다.
- 5년 누적 승률이 40% 미만인 팀은 A와 C이므로 A와 C는 각각 갑 또는 병과 매칭된다.
- 병과 정의 5년 누적 승리한 경기수 합이 무의 승리한 경기수보다 적어야 한다. 이때 병이 A 또는 C라는 점일 이용하면, A 또는 C의 승리한 경기수에 어떤 한 팀의 승리한 경기수를 더하여 또 다른 팀의 승리한 경기수보다 적을 수 있는 팀은 E뿐이다. 따라서 E가 정과 매칭된다.
- 5년 누적 총 경기당 득점은 병이 을보다 적어야 한다. 그런데 C의 총 경기당 득점이 5개 팀 중 가장 많으므로 C는 병이 될 수 없다. 따라서 A가 병과 매칭되고, C와 갑이 매칭된다. 또한, B와 D 중에서 5년 누적 총 경기당 득점이 병(A)보다 많은 팀은 D이므로 D와 을이 매칭되고, B와 무가 매칭된다.
- 정리하면, A = 병, B = 무, C = 갑, D = 을, E = 정이다.

19.

정답 ④ 정답률 27.83%

해설

ㄱ. (×) 〈표〉의 빈칸을 채우면, 1,954 − 1,511 = 443이다. 그런데 〈표〉의 값은 평균값이므로 1인가구의 평균소득 대비 평균비소비지출의 비율이 $\frac{443}{1,954} > \frac{400}{2,000}$ = 20%인 것은 맞지만, 1인가구 각각의 소득 대비 비소비지출의 비율은 알 수 없다.

ㄴ. (○) 가구원당 처분가능소득을 가구원수별로 구해보면, 1인이 1,511천 원, 2인이 $\frac{2,689}{2}$ <1,500천 원, 3인이 $\frac{4,057}{3}$ <1,500천 원, 4인이 $\frac{4,585}{4}$ <1,500천 원, 5인 이상이 $\frac{5,308}{5.14}$ <1,500천 원으로 1인가구가 가장 많다.

ㄷ. (×) A시의 전체 가구 수를 a(가구)라고 하면, A시의 가구원들 중 4인가구에 속하는 가구원 수의 총합은 a×0.1991×4명, 1인가구에 속하는 가구원 수의 총합은 a×0.2816×1명이다. 따라서 전자는 후자의 4배 미만이다.

ㄹ. (○) 3인가구는 재산소득이 32천 원, 비경상소득이 8천 원이므로 전자가 후자보다 많다.

20.

정답 ③ 정답률 54.22%

해설

① (×) 도소매업 근로자 중 출퇴근 소요시간이 30분 초과 60분 이하인 근로자 비율이 60분 초과 90분 이하인 근로자 비율보다 $\frac{7.9}{23.5} \times 100 ≒ 33.6\%$ 많다. 같은 도소매업종 내에서의 비교이므로 근로자 비율 비교로 근로자 수 비교를 대체할 수 있다.

② (×) 건설업과 교육의 전체 근로자 수를 모르므로 비교할 수 없다.

③ (○) 주어진 자료로부터 평균 출퇴근 소요시간을 정확히 도출할 수는 없지만 최소 시간은 계산 가능하다. 소요시간의 각 범주에서 모두 최소 시간에 해당한다고 가정하면, 운수업 평균 출퇴근 소요시간의 최솟값은 (30 × 0.45) + (60 × 0.05) + (90 × 0.1) + (120 × 0.1) = 37.5분이다.

④ (×) 공공행정에서 출퇴근 소요시간이 120분 이상인 근로자 비율에 3을 곱해준 값과 예술에서 120분 이상인 근로자 비율에 1.7을 곱해준 값을 비교한다. 전자는 7.2%이고 후자는 7.31%이므로 잘못된 보기라는 것을 알 수 있다.

⑤ (×) 출퇴근 소요시간이 90분 이상인 근로자 비율이 세 번째로 작은 업종을 확인하면 된다. 합한 값을 작은 순서대로 나열하면 8.4%인 공공행정, 10.1%인 예술, 17.1%인 금융업이 되므로, 출퇴근 소요시간이 90분 이하인 근로자 비율이 세 번째로 높은 업종은 금융업이 된다.

21.

정답 ⑤ 정답률 19.80%

해설

ㄱ. (○) 2016년 대비 2020년의 교원 평균연봉 상승률은 $\frac{12,000}{75,400} \times 100 ≒ 15.9\%$이다. 또한 2016년 대비 2020년의 등록금 상승률은 $(1.04) \times (1.03)^2 \times (1.02)$로 구할 수 있는데, 상승률이 5% 미만으로 작으므로 이 값은 근사값으로 1.04 + 1.03 + 1.03 + 1.02 ≃ 1.12이 되며, 이는 평균연봉 상승률보다 작다. 실제 값도 12.5% 정도로 근사값과 큰 차이가 없다. 따라서 평균연봉 상승률은 등록금 상승률보다 크다.

ㄴ. (○) 교원 1인당 학생 수의 전년대비 감소율은 2017년부터 2020년까지 차례대로 $\frac{1}{28}, \frac{1}{27}, \frac{0.8}{26}, \frac{0.9}{25.2}$이므로 이 4개 년도의 수치를 비교하면 된다. 분자, 분모의 수치구조상 주된 비교대상이 되는 $\frac{1}{27}$ vs $\frac{0.9}{25.2}$에서 분자 부분의 1은 0.9보다 10% 이상 크고 분모 부분의 27은 25.2보다 10% 미만 크므로 $\frac{1}{27}$(2018년)이 가장 큼을 알 수 있다.

ㄷ. (○) 재적 학생 수가 일정한 상태에서 교원 1인당 학생 수가 매년 감소하고 있으므로 재직 교원 수는 매년 증가함을 알 수 있다. 교원 평균연봉 = $\frac{\text{교원 연봉총액}}{\text{재직 교원 수}}$에서 재직 교원 수가 매년 증가하는데 교원 평균연봉이 감소하는 해가 없으므로 교원 연봉총액은 매년 증가함을 알 수 있다.

22.

정답 ② 정답률 34.09%

해설

ㄱ. (×) PM10 농도가 가장 높았던 날은 22일이고, 이때의 PM2.5 농도는 57로 나쁨에 해당한다.

ㄴ. (○) PM2.5 농도가 PM10 농도보다 높은 날은 3일이 유일하며, 이때의 PM2.5 농도인 55는 2일 농도인 18의 3배 이상임을 확인할 수 있다.

ㄷ. (○) PM10 농도가 가장 작은 날의 값은 8일의 16이고, 이때의 전날대비 감소율은 $\frac{11}{27} \times 100 ≒ 41\%$이다.

ㄹ. (×) 25~31일 동안의 PM2.5 평균농도가 36 이상인지 확인해야 한다. 7일 동안의 농도 중 36보다 큰 날의 편차를 모두 더하면 41이고 작은 날의 편차를 모두 더하면 −54이므로 평균농도는 36 미만임을 알 수 있다.

23.

정답 ③ 정답률 36.89%

해설

- 먼저 5월 미세먼지 농도평가가 어떻게 이루어지는지 살펴보면서 공기정화로봇이 몇 단계로 몇 번 작동하는지 파악해야 한다.
- 공기정화로봇은 3일에 보통/나쁨으로 1단계, 4일에 나쁨/나쁨으로 2단계, 5일에 나쁨/좋음으로 1단계, 10일에 나쁨/매우나쁨으로 3단계, 12일에 매우나쁨/매우나쁨으로 3단계, 19일에 나쁨/나쁨으로 2단계, 20일에 나쁨/나쁨으로 2단계, 22일에 매우나쁨/나쁨으로 3단계, 26일에 보통/나쁨으로 1단계, 27일에 나쁨/나쁨으로 2단계, 28일에 보통/나쁨으로 1단계 작동하므로 1단계로 4번, 2단계로 4번, 3단계로 3번 작동한다.
  따라서 공기정화로봇으로 인한 전력소비량은 (4 × 4) + (6 × 4) + (10 × 3) = 70kWh이다.
- 공기정화로봇 사용을 포함한 을돌이네의 5월 전력사용량은 총 320kWh이고, 전기요금 예시에서 250kWh 사용 시 전기요금이 31,500원이라고 하였으므로 여기에 70kWh분의 전력량요금인 12,600원을 더한 44,100원이 을돌이네의 5월 전기요금이다.

24.

정답 ① 정답률 83.89%

해설

지표 \ 지역	건축 허가면적 증감률	아파트 매매가격 지수	노외 주차장 현황	음주운전 교통사고 비율	경제활동 참가율	근로여건 만족도
A	−22.2	115.7~122.1	911	8.9	64.2	30.7
B	−4.1~4.1	115.7	2,045	5.6	62.1	32.1
C	24.0	122.1	3,053	7.5	62.8	33.2
D	−12.6	93.4	1,053	6.5	63.3	40.5
E	−5.8	101.1	935	10.8	64.6	33.6
F	59.5	147.6	47	9.7	64.5	44.8
G	4.1	95.3	632	6.5~7.2	65.3	31.9
H	−9.7	92.7	1,451	7.2	63.7	31.3
I	−6.3	97.5	1,373	7.6	〈57.6	28.8
J	10.8	138.9	522	5.7	63.4	32.7

첫 번째 조건에 따라 (가)는 −4.1에서 4.1 사이여야 하므로 2번 선택지를 제외한다.

두 번째 조건에 따라 (나)는 115.7과 122.1 사이이므로 5번 선택지를 제외한다.

세 번째 조건에 따라 (다)는 6.5와 7.2 사이여야 하므로 4번 선택지를 제외한다.

네 번째 조건에 따라 (라)는 57.6 이상이어야 하므로 3번 선택지를 제외한다.

따라서 '가'~'라'에 들어갈 수 있는 값으로 가능한 선택지는 1번이다.

25.

정답 ② 정답률 65.00%

해설

먼저 주어진 〈표〉와 〈각주〉를 통해 ×(질환 없음), △(질환의심), ○(확진)의 기준 점수를 구해야 한다. ET_11 환자의 합산은 2점으로 ×(질환 없음)을 판정 받았고 ET_2 환자의 합산은 3점으로 △(질환의심)을 받았으므로 합산값이 0 ~ 2점은 ×(질환 없음)임을 알 수 있다. ET_15의 합산은 5점으로 △(질환의심)을 판정 받았고, ET_3의 합산은 6점으로 ○(확진)을 판정 받았으므로 합산값이 3 ~ 5점이면 △(질환의심), 6 ~ 8점은 ○(확진) 판정을 받는다는 것을 알 수 있다.

따라서 정리하면 0 ~ 2점은 ×(질환 없음), 3 ~ 5점은 △(질환의심), 6 ~ 8점은 ○(확진)이다.

ㄱ. (○) ET_17 환자는 ×(질환 없음) 받았고 무척추반사 점수는 2점이므로, 신체경직도는 0점만 가능하다.

ㄴ. (×) ET_27 환자는 합산값이 3(신체경직도) + 3(무척추반사) = 6점이므로, ○(확진) 판정을 받는다.

ㄷ. (○) ET_14 환자는 1(신체경직도) + 3(무척추반사) = 4점이므로 △(질환의심) 환자이며, ET_27 환자는 3(신체경직도) + 3(무척추반사) = 6점이므로 ○(확진) 환자이다. 〈표〉를 통해 ×(질환 없음) 환자는 9명, △(질환의심) 환자는 13명, ○(확진) 환자는 8명이 된다. △(질환의심) 환자가 13명으로 가장 많고, ○(확진) 환자가 8명으로 가장 적다.

ㄹ. (×) ○(확진) 환자는 총 8명이며 이 중에서 무척추반사 점수가 3점인 환자는 ET_8, ET_10, ET_12, ET_19, ET_27 으로 5명이다. 따라서 '확진'환자 중 무척추반사 점수가 3점인 환자는 '확진'환자의 50%를 넘는다.

공단기
gong.conects.com

공단기 7급 PSAT
프리미엄 모의고사

제 5 회

정답 및 해설

2023년도 국가공무원 7급 공개경쟁채용 제1차 시험 답안지(1교시)

컴퓨터용 흑색사인펜만 사용

책 형: ㉮ ㉯ ㉰ ㉱ ㉲

[필적감정용 기재]
* 아래 예시문을 옮겨 기재하시기 바랍니다.
본인은 OOO(응시자성명)임을 확인함
기 재 란

성 명	
자필서명	본인 성명 기재
응시직렬	
응시지역	
시험장소	

응 시 번 호

생 년 월 일

※시험감독관 서명
(성명을 정자로 기재하시기 바랍니다.)

언어논리영역 (1~10번)	
1	① ② ③ ④ ⑤
2	① ② ③ ④ ⑤
3	① ② ③ ④ ⑤
4	① ② ③ ④ ⑤
5	① ② ③ ④ ⑤
6	① ② ③ ④ ⑤
7	① ② ③ ④ ⑤
8	① ② ③ ④ ⑤
9	① ② ③ ④ ⑤
10	① ② ③ ④ ⑤

언어논리영역 (11~20번)	
11	① ② ③ ④ ⑤
12	① ② ③ ④ ⑤
13	① ② ③ ④ ⑤
14	① ② ③ ④ ⑤
15	① ② ③ ④ ⑤
16	① ② ③ ④ ⑤
17	① ② ③ ④ ⑤
18	① ② ③ ④ ⑤
19	① ② ③ ④ ⑤
20	① ② ③ ④ ⑤

언어논리영역 (21~25번)	
21	① ② ③ ④ ⑤
22	① ② ③ ④ ⑤
23	① ② ③ ④ ⑤
24	① ② ③ ④ ⑤
25	① ② ③ ④ ⑤

상황판단영역 (1~10번)	
1	① ② ③ ④ ⑤
2	① ② ③ ④ ⑤
3	① ② ③ ④ ⑤
4	① ② ③ ④ ⑤
5	① ② ③ ④ ⑤
6	① ② ③ ④ ⑤
7	① ② ③ ④ ⑤
8	① ② ③ ④ ⑤
9	① ② ③ ④ ⑤
10	① ② ③ ④ ⑤

상황판단영역 (11~20번)	
11	① ② ③ ④ ⑤
12	① ② ③ ④ ⑤
13	① ② ③ ④ ⑤
14	① ② ③ ④ ⑤
15	① ② ③ ④ ⑤
16	① ② ③ ④ ⑤
17	① ② ③ ④ ⑤
18	① ② ③ ④ ⑤
19	① ② ③ ④ ⑤
20	① ② ③ ④ ⑤

상황판단영역 (21~25번)	
21	① ② ③ ④ ⑤
22	① ② ③ ④ ⑤
23	① ② ③ ④ ⑤
24	① ② ③ ④ ⑤
25	① ② ③ ④ ⑤

2023년도 국가공무원 7급 공개경쟁채용 제1차 시험 답안지(2교시)

컴퓨터용 흑색사인펜만 사용

책 형
㉮ ㉯ ㉰ ㉱ ㉲

[필적감정용 기재]
* 아래 예시문을 옮겨 기재하시기 바랍니다.
본인은 OOO(응시자성명)임을 확인함

기 재 란

성 명	
자필서명	본인 성명 기재
응시직렬	
응시지역	
시험장소	

응 시 번 호							
	⓪	⓪	⓪	⓪	⓪	⓪	⓪
	①	①	①	①	①	①	①
	②	②	②	②	②	②	②
	③	③	③	③	③	③	③
④	④	④	④	④	④	④	④
⑤	⑤	⑤	⑤	⑤	⑤	⑤	⑤
	⑥	⑥	⑥	⑥	⑥	⑥	⑥
	⑦	⑦	⑦	⑦	⑦	⑦	⑦
	⑧	⑧	⑧	⑧	⑧	⑧	⑧
	⑨	⑨	⑨	⑨	⑨	⑨	⑨

생 년 월 일					
⓪	⓪	⓪	⓪	⓪	⓪
	①	①	①	①	①
	②		②	②	②
	③		③	③	③
	④		④		④
	⑤		⑤		⑤
⑥	⑥		⑥		⑥
⑦	⑦		⑦		⑦
⑧	⑧		⑧		⑧
⑨	⑨		⑨		⑨

※시험감독관 서명
(성명을 정자로 기재하시기 바랍니다.)

적색 볼펜만 사용

자료해석영역 (1~10번)

번호					
1	①	②	③	④	⑤
2	①	②	③	④	⑤
3	①	②	③	④	⑤
4	①	②	③	④	⑤
5	①	②	③	④	⑤
6	①	②	③	④	⑤
7	①	②	③	④	⑤
8	①	②	③	④	⑤
9	①	②	③	④	⑤
10	①	②	③	④	⑤

자료해석영역 (11~20번)

번호					
11	①	②	③	④	⑤
12	①	②	③	④	⑤
13	①	②	③	④	⑤
14	①	②	③	④	⑤
15	①	②	③	④	⑤
16	①	②	③	④	⑤
17	①	②	③	④	⑤
18	①	②	③	④	⑤
19	①	②	③	④	⑤
20	①	②	③	④	⑤

자료해석영역 (21~25번)

번호					
21	①	②	③	④	⑤
22	①	②	③	④	⑤
23	①	②	③	④	⑤
24	①	②	③	④	⑤
25	①	②	③	④	⑤

ㅣ자료해석영역ㅣ

2교시

응시번호	
성명	

5회

문제책형 **가**

응시자 주의사항

1. **시험시작 전에 시험문제를 열람하는 행위나 시험종료 후 답안을 작성하는 행위를 한 사람**은 「공무원임용시험령」 제51조에 의거 **부정행위자**로 처리됩니다.
2. **답안지 책형 표기는 시험시작 전** 감독관의 지시에 따라 **문제책 앞면에 인쇄된 문제책형을 확인**한 후, **답안지 책형란에 해당 책형(1개)**을 '●'로 **표기**하여야 합니다.
3. 시험이 시작되면 문제를 주의 깊게 읽은 후, **문항의 취지에 가장 적합한 하나의 정답만을 고르며,** 문제내용에 관한 질문은 할 수 없습니다.
4. **답안을 잘못 표기하였을 경우**에는 **답안지를 교체하여 작성하거나 수정할 수 있으며,** 표기한 답안을 수정할 때는 **응시자 본인이 가져온 수정테이프만을 사용**하여 해당 부분을 완전히 지우고 부착된 수정테이프가 떨어지지 않도록 손으로 눌러주어야 합니다. **(수정액 또는 수정스티커 등은 사용 불가)**

   ■ **불량한 수정테이프의 사용과 불완전한 수정처리**로 인해 발생하는 **모든 문제는 응시자 본인에게 책임이 있습니다.**
5. **시험시간 관리의 책임은 응시자 본인에게 있습니다.**

   ※ 문제책은 시험종료 후 가지고 갈 수 있습니다.

모의고사의 특징

1. 본 모의고사는 '공단기'에서 실시한 '7급 PSAT 전국모의고사' 문항 중 기출유형에 최적화된 문항만을 선별하여 구성되었습니다.
2. '정답 및 해설'에서 실제 시험 응시자들의 정답률을 확인할 수 있습니다.

공단기 gong.conects.com

자료해석영역

문 1. 다음 <표>는 육상선수 '갑'과 '을'의 멀리뛰기 기록을 나타낸 자료이다. <표>와 <조건>을 바탕으로 '갑'과 '을'이 최고기록을 기록한 날과 회차를 바르게 나열한 것은?

<표 1> '갑'의 멀리뛰기 기록

(단위 : m)

구분	1일차	2일차	3일차	4일차	5일차
1회	7.80	7.96	7.46	( )	( )
2회	7.55	( )	7.55	7.85	7.50
평균	7.675	( )	7.505	7.84	( )

<표 2> '을'의 멀리뛰기 기록

(단위 : m)

구분	1일차	2일차	3일차	4일차	5일차
1회	7.96	( )	7.46	7.83	7.88
2회	8.04	7.89	7.44	( )	8.12
평균	( )	( )	7.45	7.93	( )

<조건>

○'갑'의 평균기록이 가장 높은 날과 가장 낮은 날의 차이는 0.58m이다.
○'을'의 1일차, 2일차, 5일차 평균기록은 같다.
○각 선수의 최저기록은 7.40m보다 낮지 않다.
○각 선수의 최고기록은 8.20m를 넘지 않는다.

	갑의 최고기록	을의 최고기록
①	2일차 1회	2일차 1회
②	2일차 1회	4일차 2회
③	2일차 1회	5일차 2회
④	2일차 2회	2일차 1회
⑤	2일차 2회	5일차 2회

문 2. 다음 <표>는 '갑'국의 대학 계열별 교수 현황에 관한 자료이다. 이에 대한 <보기>의 설명 중 옳은 것만을 모두 고르면?

<표> 계열별 대학 교수 수

(단위 : 명)

구분 \ 계열	국공립		사립		합	
	전체	여성	전체	여성	전체	여성
인문사회	5,408	1,168	21,633	6,503	27,041	7,671
자연과학	4,101	901	8,952	3,180	13,053	4,081
예체능	1,074	339	4,593	1,645	5,667	1,984
공학	5,033	159	10,602	741	15,635	900
의학	2,479	526	8,571	2,083	11,450	2,609
계	18,495	3,093	54,351	14,152	72,846	17,245

※ 대학은 국공립과 사립으로만 구분됨.

<보기>

ㄱ. 전체 교수 중 여교수 수가 차지하는 비율은 국공립대학이 사립대학보다 낮다.
ㄴ. 전체 대학 여교수 수에서 국공립대학 여교수 수가 차지하는 비율은 15% 이하이다.
ㄷ. 자연과학계열 대학 여교수 비율은 인문사회계열 대학 여교수 비율보다 높다.
ㄹ. 국공립대학과 사립대학 각각 모든 계열에서 남교수 수가 여교수 수의 2배보다 많다.

① ㄱ, ㄷ
② ㄱ, ㄹ
③ ㄴ, ㄹ
④ ㄱ, ㄴ, ㄷ
⑤ ㄴ, ㄷ, ㄹ

문 3. 다음 <보고서>는 2019년 '갑'국의 5개 전문직(A ~ E)에 관한 조사 결과이다. 다음 중 <보고서>와 부합하지 않는 자료는?

<보고서>

'갑'국의 5개 전문직 'A ~ E'를 등록인원 수가 많은 순서대로 나열하면 'A' 20,531명, 'B' 18,167명, 'D' 13,085명, 'C' 11,174명, 'E' 9,252명이다. 이들을 다시 등록인원 중 남성 비율이 높은 순서대로 나열하면 'E' 96.6%, 'C' 90.6%, 'B' 86.0%, 'A' 81.6%, 'D' 76.8% 순이다.

'갑'국 5개 전문직의 임금수준을 살펴보면, 상위 25%에 해당하는 임금은 'A'가 1,100만 원으로 가장 높으며, 이는 상위 25% 임금이 가장 낮은 'C'의 2배 이상이다. 'C'는 5개 전문직 중 하위 25%, 중위 50%, 상위 25% 임금이 각각 가장 낮은 전문직에 해당한다.

한편, 5개 전문직 중 상위 25% 임금과 중위 50% 임금 차이가 가장 적은 전문직과 중위 50% 임금과 하위 25% 임금 차이가 가장 적은 전문직은 모두 'D'이며, 따라서 'D'가 상위 25% 임금과 하위 25% 임금 차이도 가장 적다.

등록인원이 가장 많은 'A'의 연령분포를 살펴보면, 20대 이하가 678명으로 가장 적고, 30대가 10,183명으로 가장 많다. 40대와 50대 이상은 각각 5,338명과 4,332명 등록되어 있다.

5개 전문직 등록인원 중 대다수의 학력이 대졸 이상에 해당하기 때문에, 학력이 고졸 이하인 등록인원이 눈에 띈다. 5개 전문직을 고졸 이하인 등록인원이 가장 많은 순서대로 나열하면 'E' 1,490명, 'C' 905명, 'D' 131명, 'A' 41명, 'B' 36명 순이다.

① 5개 전문직 여성 등록인원 수

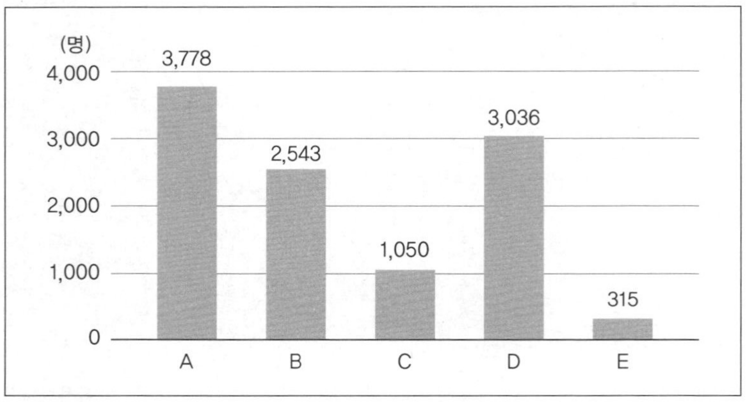

② 5개 전문직 여성 대비 남성 등록인원 수

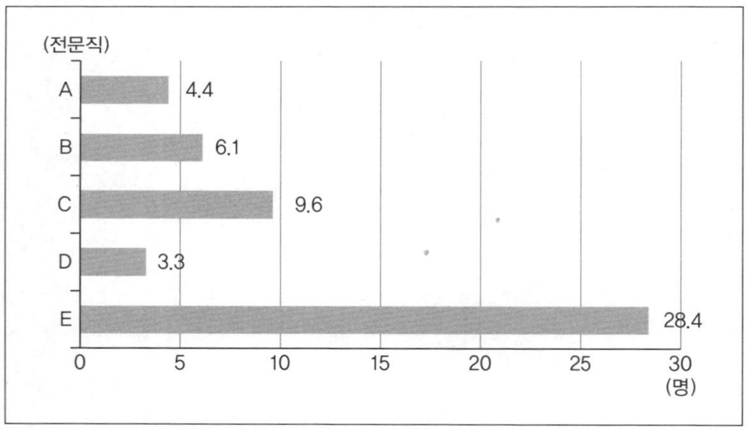

③ 전문직 A의 연령분포

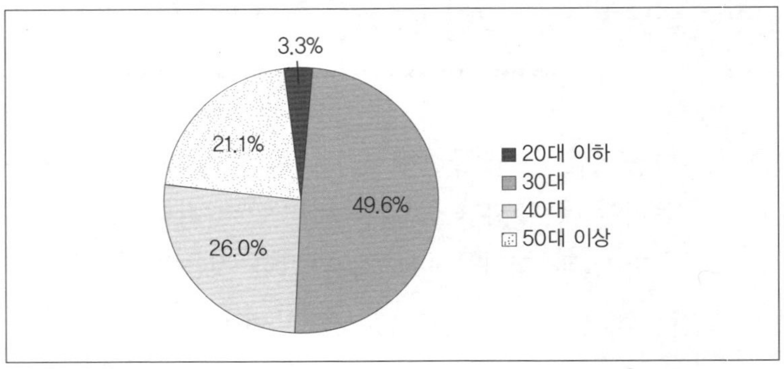

④ 5개 전문직 임금수준

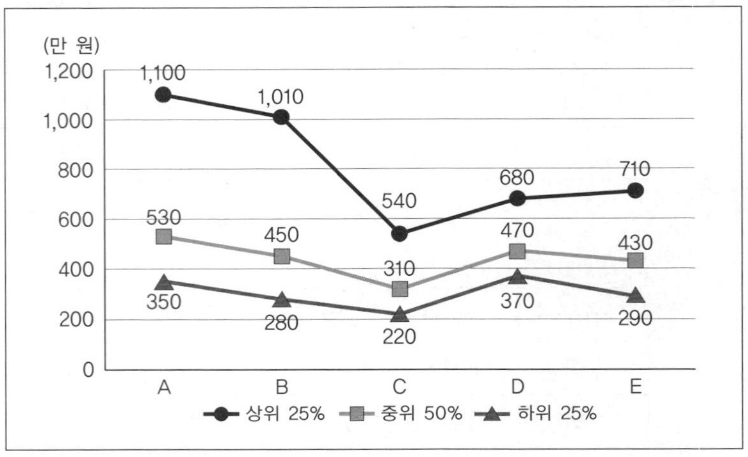

⑤ 각 전문직 등록인원 중 고졸이하 비중

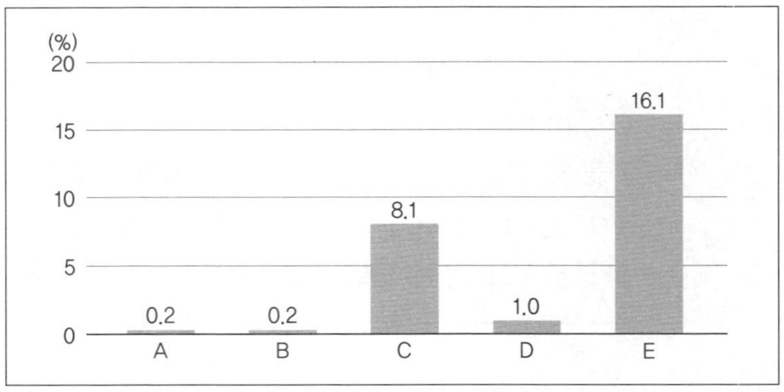

문 4. 다음 <표>는 '갑' 출판사에서 발간하는 잡지들의 정기 구독료에 대한 정보이다. 이에 대한 설명으로 옳은 것을 <보기>에서 모두 고르면?

<표> 발간 잡지별 정기 구독료

(단위 : 원)

구분 \ 잡지		수학탐험	과학탐험	예술탐험	구독기간별 패키지 정기 구독료 1년	구독기간별 패키지 정기 구독료 2년
패키지 A		◎	◎		224,400	422,400
패키지 B		◎		◎	260,100	489,600
패키지 C		◎	◎	◎	377,400	710,400
패키지 D			◎	◎	270,300	508,800
단품 구매가격		10,500	11,500	17,500		
정기 구독료	1년	124,200	113,400	162,000		
	2년	234,600	214,200	306,000		

※ 1) '◎'는 패키지에 해당 잡지가 포함됨을 의미하며, 각 잡지는 1달에 1번 발간됨.
2) 구독 중간에 다른 잡지로 구독을 변경하는 경우는 없음.

<보기>

ㄱ. A ~ D패키지를 각각 1년 정기로 두 번씩 구독하는 것보다 2년 정기 구독하는 것이 더 저렴하다.

ㄴ. 각 잡지별로 1년 단품구매가격의 총합과 1년 정기구독료 차이가 가장 큰 잡지는 '과학탐험'이다.

ㄷ. 2년간 3개 잡지를 동시에 구독한다면, 전체 구독료 최소비용은 710,000원 이상이다.

① ㄱ
② ㄴ
③ ㄷ
④ ㄱ, ㄴ
⑤ ㄱ, ㄷ

문 5. 다음 <표>는 A ~ E국의 연도별 특허출원현황을 정리한 것이다. '갑'국에 대한 <보고서>의 내용을 근거로 판단할 때, '갑'국의 2018년 특허출원현황 건수는?

<표> A ~ E국의 연도별 특허출원현황

(단위 : 건)

국가 \ 연도	1980년	2000년	2008년	2018년
A	191,020	405,656	395,791	313,567
B	104,329	268,157	456,170	597,141
C	41,612	31,813	24,846	20,941
D	24,347	37,438	40,316	36,161
E	15,936	19,991	26,793	29,957

※ 갑국은 A~E국 중 하나임.

<보고서>

갑국의 2000년 특허출원현황 건수는 1980년에 비해 증가하였다. 해당 증가율은 50%를 상회하여 갑국의 산업 및 기술의 발전을 보여주는 지표라고 할 수 있다. 갑국의 2018년 특허출원현황 건수는 2000년과 비교했을 때는 감소하였으나 1980년에 비해서는 45% 이상의 증가율을 보였다. 또한 갑국의 2018년 특허출원현황 건수는 2008년과 비교하여도 20%를 초과하는 감소율을 보였다.

① 20,941건
② 29,957건
③ 36,161건
④ 313,567건
⑤ 597,141건

문 6. 다음 <표>는 남한과 북한간 수송수단별 운행현황에 관한 자료이다. 이에 대한 <보기>의 설명 중 옳은 것을 모두 고르면?

<표 1> 남북간 수송수단별 운행횟수 현황

(단위 : 회)

구분		운행횟수	
		남한→북한	북한→남한
선박	2018년	3,657	3,778
	2019년	1,265	1,312
자동차	2018년	104,752	104,397
	2019년	74,252	74,084
항공기	2018년	32	32
	2019년	5	6
철도	2018년	210	210
	2019년	–	–

<표 2> 남북간 수송수단별 물동량 현황

(단위 : 톤)

구분		물동량	
		남한→북한	북한→남한
선박	2018년	143,824	14,915,782
	2019년	65,255	1,843,785
자동차	2018년	382,848	58,751
	2019년	148,842	81,370
항공기	2018년	1,729	2,017
	2019년	13	33
철도	2018년	55.4	36
	2019년	–	–

<보기>

ㄱ. 2019년 자동차의 운행횟수당 물동량은 '남한→북한'과 '북한→남한' 모두 전년대비 감소하였다.

ㄴ. 2019년 선박 운행횟수의 전년대비 감소율은 '남한→북한'이 '북한→남한'보다 크다.

ㄷ. 2019년 남북간 항공기 물동량은 전년대비 95% 이상 감소하였다.

① ㄱ
② ㄴ
③ ㄷ
④ ㄱ, ㄷ
⑤ ㄴ, ㄷ

문 7. 다음 <표>는 G20 회원국 중 주요 6개국의 인터넷 이용에 관한 자료이다. 이에 대한 <보기>의 설명 중 옳은 것만을 모두 고르면?

<표 1> 2008년 G20 회원국 중 주요 6개국의 인터넷 이용 현황

구분 국가	인터넷 이용률 (%)	초고속 인터넷 가입자 수(천 명)	인구 백 명당 초고속 인터넷 가입자 수 (명)
한국	81.0	15,475	31.5
일본	75.4	30,118	23.4
터키	34.4	5,757	8.2
캐나다	76.7	9,842	29.5
브라질	33.8	10,017	5.2
이탈리아	44.5	11,276	19.1

<표 2> 2018년 G20 회원국 중 주요 6개국의 인터넷 이용 현황

구분 국가	인터넷 이용률 (%)	초고속 인터넷 가입자 수 (천 명)	인구 백 명당 초고속 인터넷 가입자 수 (명)
한국	95.9	21,286	41.6
일본	84.6	40,911	32.2
터키	71.0	13,407	16.3
캐나다	91.0	14,299	38.6
브라질	67.5	31,178	14.9
이탈리아	74.4	16,994	28.0

※ 인터넷 이용률이란 만 16세 이상 74세 이하 인구 중 1년 이내 1회 이상 인터넷을 이용한 자의 비율을 의미함.

<보기>

ㄱ. 2008년 대비 2018년 초고속 인터넷 가입자 수 증가율은 브라질이 가장 높다.

ㄴ. 2008년 대비 2018년 인터넷 이용률 증가폭이 가장 높은 국가는 이탈리아이다.

ㄷ. 2018년 터키의 인구는 2008년 대비 15% 이상 증가하였다.

ㄹ. 2018년 브라질의 인구는 이탈리아 인구의 4배 이상이다.

① ㄱ, ㄴ
② ㄱ, ㄷ
③ ㄱ, ㄹ
④ ㄴ, ㄷ
⑤ ㄷ, ㄹ

문 8. 다음 <그림>은 2016 ~ 2019년 철강생산 업체 A와 B의 철강 생산량 및 온실가스 배출량에 관한 자료이다. 이에 대한 <보기>의 설명 중 옳은 것만을 모두 고르면?

<그림> 업체 A와 B의 철강 생산량 및 온실가스 배출 효율성

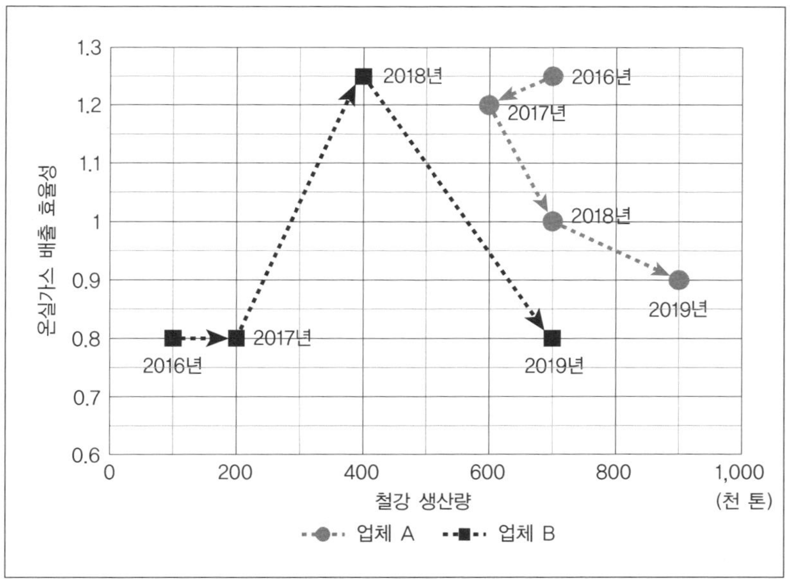

※ 온실가스 배출 효율성 = $\frac{\text{철강 생산량(천 톤)}}{\text{온실가스 배출량(천}tCO_2eq.)}$

<보기>

ㄱ. 2019년 온실가스 배출량은 업체 A가 업체 B보다 많다.
ㄴ. 2016 ~ 2019년 동안 연평균 철강 생산량은 업체 A가 업체 B의 2배 이상이다.
ㄷ. 업체 B의 온실가스 배출 효율성이 업체 A보다 높은 연도에는 업체 A의 온실가스 배출량이 업체 B의 2배 미만이다.
ㄹ. 업체 A, B는 각각 온실가스 배출량이 매년 증가하였다.

① ㄱ, ㄴ
② ㄱ, ㄷ
③ ㄴ, ㄹ
④ ㄷ, ㄹ
⑤ ㄱ, ㄴ, ㄹ

문 9. 다음 <표>는 2016~2018년 농업직불사업 이행점검 추이를 나타낸 자료이다. <표>와 <조건>을 근거로 판단할 때, A ~ D에 해당하는 직불사업을 바르게 나열한 것은?

<표> 2016 ~ 2018년 농업직불사업 이행점검 추이

(단위 : 천ha)

사업	연도	신청면적	점검면적	부적합면적
쌀고정직불	2016	854	384	3
	2017	849	390	8
	2018	831	406	4
(A)	2016	103	49	8
	2017	90	47	10
	2018	107	45	7
(B)	2016	12	12	2
	2017	15	15	3
	2018	12	12	1
밭고정직불	2016	288	136	3
	2017	292	127	5
	2018	292	90	2
(C)	2016	106	34	2
	2017	99	31	2
	2018	96	28	1
(D)	2016	735	312	18
	2017	719	299	25
	2018	668	272	11
합계	2016	2,098	927	36
	2017	2,064	909	53
	2018	2,006	853	26

※ 1) 농업직불사업은 <표>의 6개 직불(경관보전직불, 논이모작, 밭고정직불, 쌀고정직불, 쌀변동직불, 조건불리직불)사업만으로 구성됨.

2) 점검비율(%) = $\frac{\text{점검면적}}{\text{신청면적}} \times 100$

3) 부적합비율(%) = $\frac{\text{부적합면적}}{\text{신청면적}} \times 100$

<조건>

○ 2017 ~ 2018년 신청면적이 전년대비 매년 감소한 사업은 쌀고정직불, 쌀변동직불, 조건불리직불이다.
○ 2016년 점검면적의 경우 논이모작직불과 조건불리직불의 합은 밭고정직불의 절반 이상이다.
○ 2017년 점검비율이 두 번째로 높은 사업은 논이모작직불이다.
○ 2018년 부적합비율은 쌀변동직불이 전체 농익직불사업보다 높다.

	A	B	C	D
①	경관보전직불	논이모작직불	조건불리직불	쌀변동직불
②	경관보전직불	논이모작직불	쌀변동직불	조건불리직불
③	논이모작직불	경관보전직불	쌀변동직불	조건불리직불
④	논이모작직불	경관보전직불	조건불리직불	쌀변동직불
⑤	논이모작직불	조건불리직불	경관보전직불	쌀변동직불

문 10. 다음 <표>는 2015 ~ 2019년 식품 수입신고 현황에 관한 자료이다. 이를 이용하여 작성한 그래프로 옳지 않은 것은?

<표 1> 식품 수입신고 현황

(단위 : 천 건, 백만 톤, 십억 달러)

구분	2015	2016	2017	2018	2019
건수	598	625	672	728	738
중량	17.0	17.2	18.3	18.6	18.4
금액	23.3	23.4	25.0	27.3	27.5

<표 2> 검사종류별 수입신고 현황

(단위 : 천 건)

구분	2015	2016	2017	2018	2019
서류검사	374	378	431	479	473
현장검사	101	107	98	99	125
정밀검사	93	102	106	111	101
무작위표본검사	30	38	37	39	39

※ 수입신고는 서류검사, 현장검사, 정밀검사, 무작위표본검사 중 한 가지로만 이루어짐.

① 정밀검사 및 무작위표본검사로 이루어진 식품 수입신고 건수

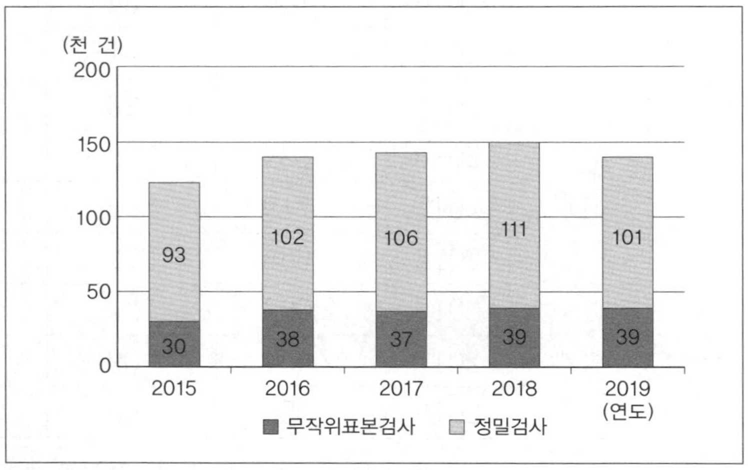

② 식품 수입신고 1건당 중량

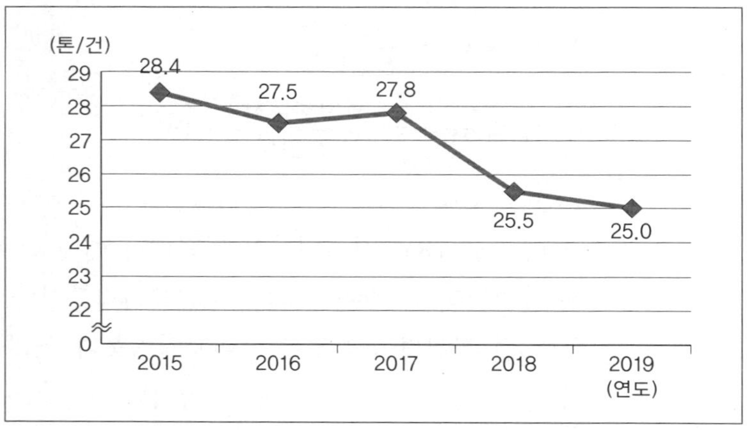

③ 서류검사로 이루어진 식품 수입신고 비중

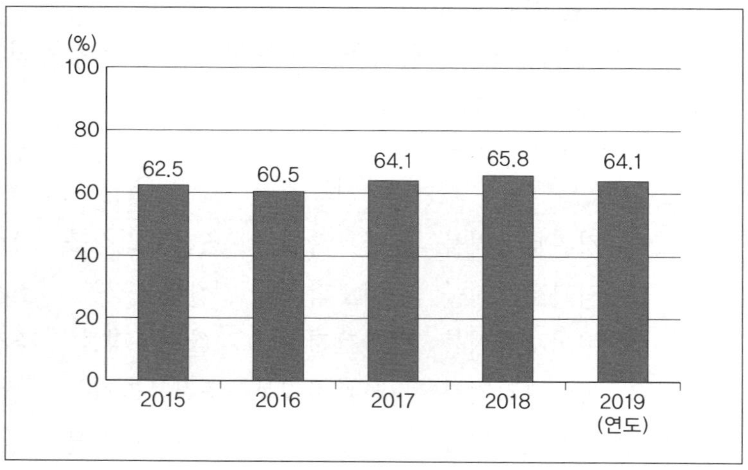

④ 식품 수입금액의 전년대비 증가율

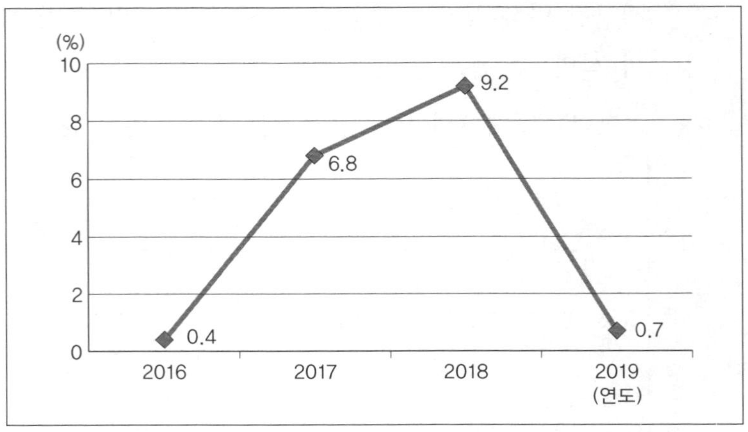

⑤ 2019년 식품 수입신고의 검사종류별 비중

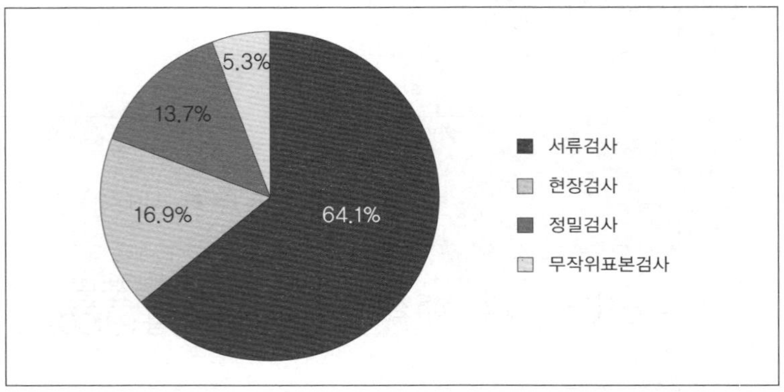

문 11. 다음 <표>는 2020년 A국에서 거래되는 7가지 농산물별 수출액, 수입액 및 무역특화지수 현황을 정리한 자료이다. 이에 대한 <보기>의 설명 중 옳은 것만을 모두 고르면?

<표> 농산물별 수출액, 수입액 및 무역특화지수 현황

(단위 : 억 달러)

농산물 \ 구분	수출액	수입액	무역특화지수
밀	600	400	(　)
쌀	300	(　)	0
옥수수	375	125	(　)
감자	120	(　)	−20
수수	(　)	60	40
콩	30	120	(　)
양파	(　)	220	−10

※ 1) A국에서 수출과 수입이 이루어지는 농산물은 밀, 쌀, 옥수수, 감자, 수수, 콩, 양파에 한정됨.

2) $\text{무역특화지수} = \frac{\text{해당 농산물 수출액} - \text{해당 농산물 수입액}}{\text{해당 농산물 수출액} + \text{해당 농산물 수입액}} \times 100$

<보기>

ㄱ. 쌀 수입액은 감자 수출액과 수입액의 합과 동일하다.

ㄴ. 무역특화지수가 가장 큰 농산물은 콩이다.

ㄷ. 7가지 농산물의 수출액 합은 수입액 합보다 25% 이상 크다.

ㄹ. 2021년에 2020년 대비 다른 수입·수출액은 변화가 없고 밀 수출액만 2배 증가한다면, 2021년 밀 무역특화지수는 2020년 옥수수 무역특화지수와 동일하다.

① ㄱ, ㄴ
② ㄱ, ㄷ
③ ㄱ, ㄹ
④ ㄴ, ㄷ
⑤ ㄴ, ㄹ

문 12. 다음 <표>는 서울 및 6개 광역시의 1인가구 비중에 관한 자료이다. 이에 대한 <보고서>의 설명 중 옳은 것만을 모두 고르면?

<표> 2019년과 2020년 1인가구 비중

(단위 : 가구, %)

연도 / 구분 / 지역	2020			2019		
	일반가구	1인가구	비중	일반가구	1인가구	비중
서울	3,982,290	1,390,701	34.9	3,896,389	( )	33.3
종로구	63,414	25,983	41.0	62,652	24,671	39.4
중구	55,093	22,818	41.4	54,496	22,078	40.5
용산구	95,714	36,881	38.5	93,177	35,148	37.7
성동구	122,186	42,585	34.9	122,770	41,488	33.8
광진구	152,090	( )	41.0	149,905	58,714	39.2
부산	1,405,037	455,207	32.4	1,337,030	423,227	30.7
대구	985,816	304,543	30.9	968,620	284,416	29.4
인천	1,147,200	324,841	28.3	1,120,576	297,865	26.6
광주	599,217	193,948	32.4	587,159	182,364	31.1
대전	631,208	228,842	( )	609,043	( )	33.7
울산	444,087	122,848	27.7	437,094	116,015	26.5

※ 1인가구 비중(%) = $\frac{\text{1인가구}}{\text{일반가구}} \times 100$

<보고서>

2020년 일반가구 중 1인가구가 차지하는 비중을 살펴보면, 전국 평균 31.7%로 2000년 15.5%, 2010년 23.9%, 2019년 30.2%에 이어 꾸준한 증가세를 보이고 있다. 특별시 및 광역시의 2020년 1인가구 비중을 살펴보면, ㉠ 울산광역시가 가장 낮았고, 대전광역시가 가장 높았다. 특히, 모든 특별시와 광역시에서 전년 대비 1인가구 비중이 증가하였으며, 이 중에서 ㉡ 전년 대비 1인가구 비중 증가폭이 가장 큰 지역은 대전광역시로 전년 대비 1인가구수 증가폭도 가장 크게 증가하였다.

한편, ㉢ 서울특별시의 1인가구는 2019년 130만 가구 미만에서 2020년 130만 가구 이상으로 증가하였으며, 종로구 · 중구 · 용산구 · 성동구 · 광진구 등 5개구 중에서는 중구가 2019년과 2020년 각각 1인가구 비중이 40.5%, 41.4%를 기록하며 가장 높았다. 특히, ㉣ 2020년 광진구의 1인가구는 전년 대비 5,000가구 이상 증가하였고 일반가구는 2,100가구 이상 증가하였다.

① ㄱ
② ㄴ
③ ㄱ, ㄷ
④ ㄴ, ㄹ
⑤ ㄱ, ㄷ, ㄹ

문 13. 다음 <표>는 'A' 자동차의 자동차 판매량 및 목표 판매량 달성도에 대한 자료이다. <표>와 <조건>을 바탕으로 할 때, 2019년 'A' 자동차의 목표 판매량은?

<표> 모델별 자동차 판매량 및 목표 판매량 달성도

(단위 : 만 대, %)

자동차 판매량		목표 판매량 달성도	
2018년	2019년	2017년	2018년
13	17	210	160

<조건>

○ 'A' 자동차회사는 매해 초 목표 판매량을 설정하여 달성도에 따라 다음 해의 목표 판매량을 설정한다.

$$\text{목표 판매량 달성도(\%)} = \frac{\text{실제 판매량}}{\text{목표 판매량}} \times 100$$

○ 해당 연도 목표 판매량은 전년도 목표 판매량을 기준으로 설정하며, 전년도 판매량 달성도에 따른 당해연도 목표판매량 증감률은 다음과 같다.

전년도 목표 판매량 달성도	전년도 목표 판매량 대비 당해연도 목표 판매량 증감율
50% 미만	− 20%
50% 이상 90% 미만	+ 0%
90% 이상 110% 미만	+ 20%
110% 이상	+ 50%

① 약 12.2만 대
② 약 13.0만 대
③ 약 13.3만 대
④ 약 14.0만 대
⑤ 약 14.4만 대

문 14. 다음 <그림>은 2008년 및 2020년 2분기의 대상별, 종류별 GDP 대비 부채비율을 정리한 것이다. 이에 대한 <보기>의 설명으로 옳은 것만을 모두 고르면?

<그림> 대상별, 종류별 GDP대비 부채비율

(단위 : %)

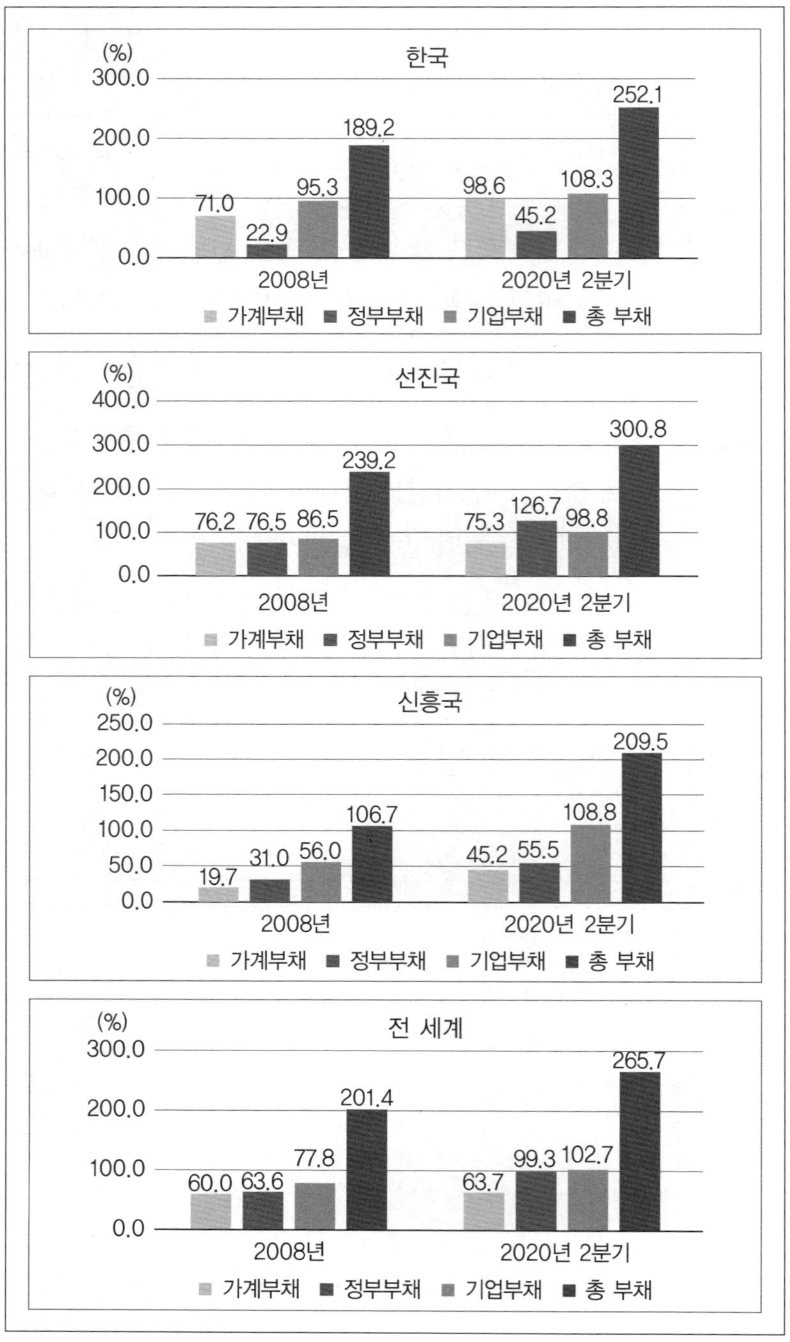

※ 총 부채 = 가계부채 + 정부부채 + 기업부채

<보기>

ㄱ. 전 세계의 종류별 부채가 많은 순위는 2008년과 2020년 2분기가 동일하다.

ㄴ. 2008년에 한국의 총 부채에서 가계부채가 차지하는 비중이 선진국의 총 부채에서 기업부채가 차지하는 비중보다 더 높다.

ㄷ. 신흥국 부채비율의 2008년 대비 2020년 2분기 증가율이 가장 큰 종류는 기업부채이다.

ㄹ. 한국의 정부부채는 2020년 2분기가 2008년의 2배 미만이다.

① ㄱ, ㄴ
② ㄱ, ㄷ
③ ㄴ, ㄹ
④ ㄱ, ㄷ, ㄹ
⑤ ㄴ, ㄷ, ㄹ

문 15. 다음 <표>는 2019년 국가공인시험 유형별 학원 등록인원, 출석인원, 강사 수와 조교 수 및 시험 응시 및 합격인원 현황에 관한 자료이다. 이에 대한 설명으로 옳지 않은 것은?

<표> 국가공인시험 유형별 학원인원 및 합격인원 현황

(단위 : 명)

구분 \ 시험	A	B	C	D	E	전체
등록인원	104,564	136,854	87,544	25,365	25,125	379,452
출석인원	97,521	102,354	65,232	15,241	12,014	292,362
강사 수	10,352	9,543	9,225	1,067	132	30,319
조교 수	35,854	39,250	40,214	5,125	1,052	121,495
응시인원	103,254	125,210	68,742	39,214	50,249	386,669
합격인원	56,251	71,352	40,255	20,255	29,065	217,178

※ 1) 국가공인시험은 A~E 뿐이며, 2개 이상 시험을 준비하는 사람 혹은 2개 이상 시험을 가르치는 강사 및 조교는 없음.

2) 학원 의존도(%) $= \frac{\text{등록인원}}{\text{응시인원}} \times 100$

3) 합격률(%) $= \frac{\text{합격인원}}{\text{응시인원}} \times 100$

4) 응시인원 = 합격인원 + 불합격 인원

① 등록인원 대비 출석인원이 가장 높은 시험은 강사 수도 가장 많다.

② 학원 의존도는 C가 E의 2배를 초과한다.

③ 시험별 응시인원 대비 불합격인원 비율은 각각 40% 이상이다.

④ 전체 강사 수에서 시험 C와 D 강사 수 합이 차지하는 비율은 30% 이상이다.

⑤ 2019년 대비 2020년 E시험 응시인원은 2배 증가하고 합격인원은 동일하다면, 2020년 E시험 합격률은 30% 이상이다.

문 16. 다음 <그림>은 2014 ~ 2018년 '갑'국의 렌터카 교통사고 현황에 대한 자료이다. 이를 바탕으로 작성한 <보고서>의 내용 중 옳은 것만을 모두 고르면?

<그림 1> 렌터카 교통사고 가해사망자 연령별 현황

(단위 : 명, %)

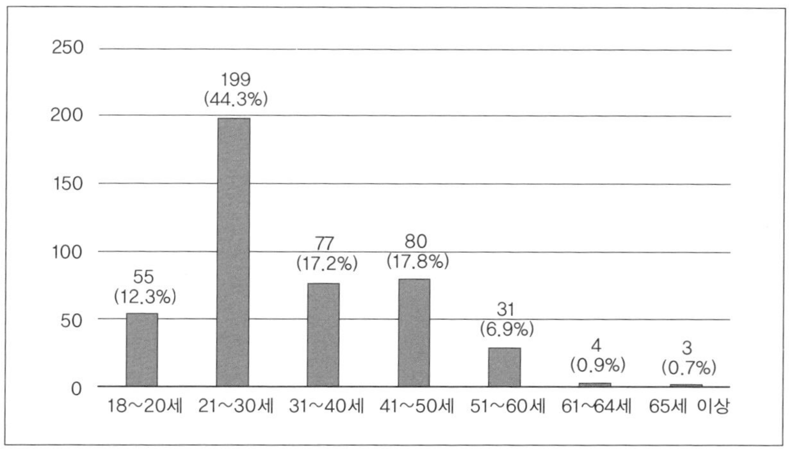

※ 1) 가해사망자란 렌터카 교통사고의 사망자 중 사고 당시 가해자인 사람을 의미함.

2) 비율은 전체 가해사망자중 해당 연령대의 사망자의 비율.

<그림 2> 20대 이하 월별 운전사망자 수와 점유율

(단위 : 명, %)

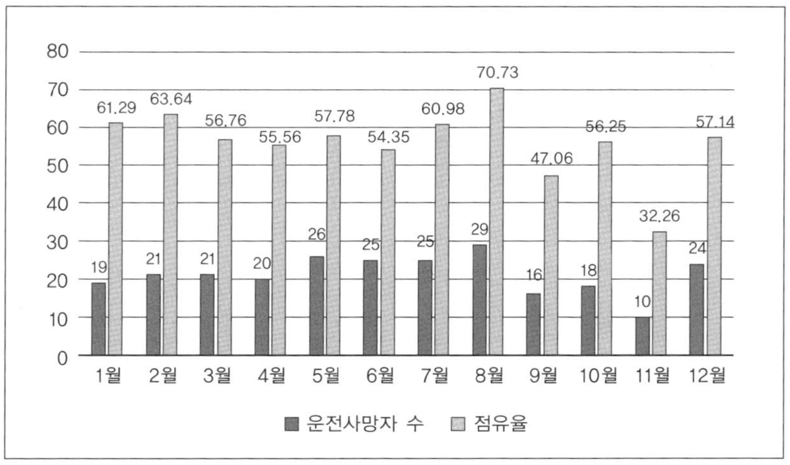

※ 1) 운전사망자란 렌터카 교통사고의 사망자 중 사고 당시 운전자인 사람을 의미함.

2) $점유율(\%) = \frac{렌터카\ 20대\ 이하\ 운전사망자\ 수}{렌터카\ 전체\ 운전사망자\ 수} \times 100$

<보고서>

2014 ~ 2018년 동안 ㉠ 렌터카 교통사고로 인한 사망사고의 56.6%는 가해자가 30세 이하인 젊은 운전자인 것으로 나타났다. 교통안전공단에 따르면 지난 5년간 렌터카 교통사고로 운전자 · 상대 차량 운전자 · 보행자 등 총 816명이 사망했다. ㉡ 렌터카 교통사고 사망자 10명 가운데 5 ~ 6명은 30세 이하였으며, 61세 이상이 가장 적은 것으로 나타났다. 20대 이하 운전자의 월별 렌터카 교통사고 특성을 살펴보면 방학기간인 1 · 2월과 7 · 8월에 사망자수 점유율이 60%이상으로 다른 달에 비해 높은 것으로 나타났으며, ㉢ 8월에 20대 이하 렌터카 운전사망자 수가 29명으로 다른 연령에 비해 가장 많았다. 그리고 ㉣ 렌터카 운전사망자 수는 6월이 11월에 비하여 많은 것으로 나타났다. 분석결과 젊은 층 운전자의 주의가 특히 필요한 것으로 나타났다.

① ㄱ, ㄷ　② ㄴ, ㄹ

③ ㄷ, ㄹ　④ ㄱ, ㄷ, ㄹ

⑤ ㄴ, ㄷ, ㄹ

문 17. 다음 <표>와 <그림>은 2011 ~ 2019년 '갑'국의 바이오의약품 산업 현황에 관한 자료이다. 이에 대한 설명으로 옳은 것은?

<표> '갑'국의 바이오의약품산업 생산현황

(단위 : 개, 억 원)

구분 / 연도	생산업체수	생산품목수	생산액
2011년	24	831	11,950
2012년	46	847	17,314
2013년	48	852	18,654
2014년	47	812	16,818
2015년	51	886	17,209
2016년	55	839	20,079
2017년	55	880	26,015
2018년	57	885	26,113
2019년	59	867	25,377

<그림> '갑'국의 바이오의약품산업 수입현황

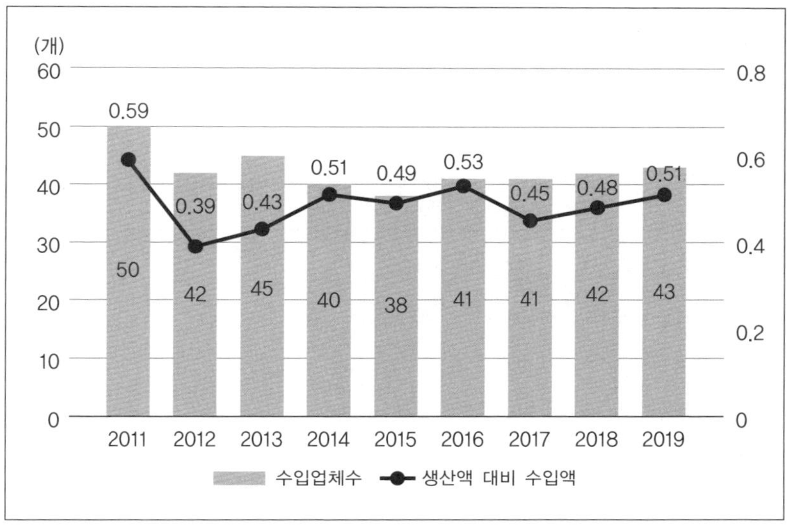

① 2015년 수입액은 2014년보다 많다.

② 2019년 수입액은 2018년보다 적다.

③ 2012 ~ 2016년 동안 생산업체 1개당 생산품목수는 매년 감소한다.

④ 2014 ~ 2019년 동안 생산업체 1개당 생산액이 전년대비 증가하는 해는 3번 있다.

⑤ 수입업체 1개당 수입액은 2019년이 가장 크다.

문 18. 다음 <표>는 5개 프로축구팀의 최근 5년 누적 기록에 관한 자료이다. <표>와 <조건>을 근거로 A와 D에 해당하는 팀을 바르게 나열한 것은?

<표> 5개 프로축구팀의 최근 5년 누적 기록

(단위 : 경기, 점)

구분 / 축구팀	승리한 경기수	패배한 경기수	무승부 경기수	득점
A	78	82	50	397
B	149	55	32	425
C	85	71	61	488
D	154	46	37	510
E	63	49	27	230

※ 1) A ~ E에 해당하는 팀은 갑, 을, 병, 정, 무 가운데 하나임.
2) 총 경기수 = 승리한 경기수 + 패배한 경기수 + 무승부 경기수
3) $\text{승률(\%)} = \frac{\text{승리한 경기수}}{\text{총 경기수}} \times 100$

<조건>

○ 5년 누적 승률이 40% 미만인 팀은 갑과 병이다.
○ 병과 정의 5년 누적 승리한 경기수 합은 무의 승리한 경기수보다 적다.
○ 5년 누적 총 경기당 득점은 병이 을보다 적다.

	A	D
①	갑	을
②	갑	무
③	을	정
④	병	을
⑤	병	무

문 19. 다음 <표>와 <그림>은 A시의 가구원수별 가구당 월 평균 가계수지 및 경상소득 구성에 대한 자료이다. 이에 대한 <보기>의 설명 중 옳은 것만을 모두 고르면?

<표> 가구원수별 가구당 월 평균 가계수지 현황

(단위 : 명, 세, %, 천 원)

가구원수 / 평균값	전체	1인	2인	3인	4인	5인 이상
가구원수	2.49	1.00	2.00	3.00	4.00	5.14
가구주연령	54.81	58.57	60.65	51.49	47.57	47.66
가구분포	100.00	28.16	25.07	22.06	19.91	4.80
소득	4,056	1,954	3,465	5,226	5,862	6,618
경상소득	4,038	1,942	3,427	5,218	5,851	6,591
비경상소득	18	12	38	8	11	27
비소비지출	893	( )	776	1,169	1,277	1,310
처분가능소득	3,163	1,511	2,689	4,057	4,585	5,308

※ 소득 = 비소비지출 + 처분가능소득

<그림> 가구원수별 가구당 경상소득 구성

(단위 : 천 원)

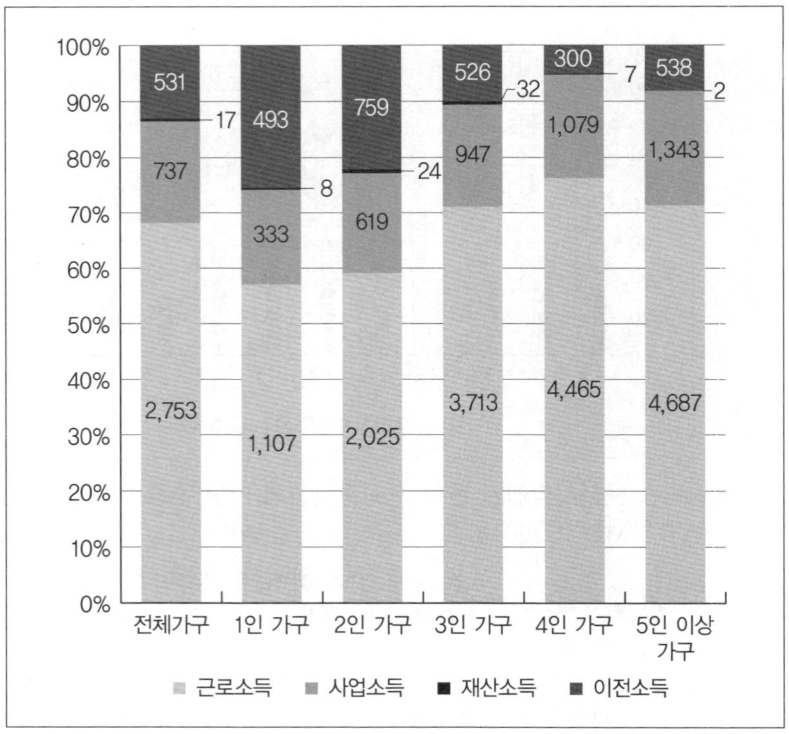

<보기>

ㄱ. 1인가구 각각의 소득 대비 비소비지출의 비율은 20% 이상이다.
ㄴ. 가구원당 처분가능소득이 가장 많은 가구원수별 가구는 1인가구이다.
ㄷ. A시의 가구원들 중 4인가구에 속하는 가구원 수의 총합은 1인가구에 속하는 가구원 수의 총합의 4배이다.
ㄹ. 3인가구는 재산소득이 비경상소득보다 많다.

① ㄱ, ㄴ
② ㄱ, ㄹ
③ ㄴ, ㄷ
④ ㄴ, ㄹ
⑤ ㄷ, ㄹ

문 20. 다음 <표>는 '갑'시 근로자의 업종별 출퇴근 소요시간 현황에 대한 자료이다. 이에 대한 설명으로 옳은 것은?

<표> '갑'시 근로자의 업종별 출퇴근 소요시간 현황

(단위 : %)

소요시간 / 업종	30분 미만	30분 이상 60분 미만	60분 이상 90분 미만	90분 이상 120분 미만	120분 이상
제조업	24.6	40.8	11.4	8.5	14.7
건설업	22.5	22.5	18.4	20.4	16.2
도소매업	17.6	31.4	23.5	19.6	7.9
운수업	30.0	45.0	5.0	10.0	10.0
금융업	27.7	38.2	17.0	8.5	8.6
공공행정	42.9	35.6	13.1	6.0	2.4
교육	27.4	40.9	4.5	13.6	13.6
예술	39.2	37.7	13.0	5.8	4.3

① 도소매업 근로자 중 출퇴근 소요시간이 '30분 이상 60분 미만'인 근로자 수는 '60분 이상 90분 미만'인 근로자 수보다 35% 이상 많다.

② 출퇴근 소요시간이 '30분 미만'인 근로자 수는 교육이 건설업보다 20% 이상 많다.

③ 운수업 근로자의 평균 출퇴근 소요시간은 35분 이상이다.

④ 공공행정 근로자 수가 예술 근로자 수의 3배라면 출퇴근 소요시간이 '120분 이상'인 근로자 수는 공공행정이 예술의 1.7배 이상이다.

⑤ 제시된 업종 중 출퇴근 소요시간이 '90분 미만'인 근로자 비율이 세 번째로 높은 업종은 운수업이다.

문 21. 다음 <표>는 2016 ~ 2020년 '갑'대학교 운영 현황에 대한 자료이다. 이에 대한 <보기>의 설명으로 옳은 것만을 고르면?

<표> '갑'대학교 운영 현황

연도 / 구분	2016	2017	2018	2019	2020
교원 평균 연봉(천 원)	75,400	78,700	83,000	83,000	87,400
교원 1인당 학생 수(명)	28	27	26	25.2	24.3
전년대비 등록금 상승률(%)	4	4	3	3	2

※ 1) 교원 평균연봉 $= \frac{\text{교원 연봉총액}}{\text{재직 교원수}}$

2) 교원 1인당 학생 수 $= \frac{\text{재적 학생 수}}{\text{재직 교원 수}}$

3) 2016~2020년 동안 '갑'대학교 재적 학생 수는 동일함.

<보기>

ㄱ. 2016년 대비 2020년 교원 평균 연봉 상승률은 2016년 대비 2020년 등록금 상승률보다 크다.

ㄴ. 2017년 이후 교원 1인당 학생 수의 전년대비 감소율이 가장 큰 해는 2018년이다.

ㄷ. 교원 연봉총액은 매년 증가한다.

① ㄱ

② ㄴ

③ ㄱ, ㄷ

④ ㄴ, ㄷ

⑤ ㄱ, ㄴ, ㄷ

※ 다음 <표>는 '갑'국 A시의 2020년 5월 미세먼지 농도 및 미세먼지 환경기준에 대한 자료이다. 다음 물음에 답하시오. [문 22. ~ 문 23.]

<표 1> '갑'국 A시의 2020년 5월 미세먼지 농도

(단위 : $\mu g/m^3$)

날짜 / 구분	1일	2일	3일	4일	5일	6일	7일	8일
PM10	31	26	44	99	103	26	27	16
PM2.5	21	18	55	42	10	12	11	8
날짜 / 구분	9일	10일	11일	12일	13일	14일	15일	16일
PM10	19	110	31	152	34	43	40	46
PM2.5	9	78	18	80	15	17	14	22
날짜 / 구분	17일	18일	19일	20일	21일	22일	23일	24일
PM10	39	34	92	82	51	154	33	30
PM2.5	25	20	61	55	32	57	12	14
날짜 / 구분	25일	26일	27일	28일	29일	30일	31일	
PM10	35	64	99	70	54	53	40	
PM2.5	19	37	63	49	22	27	22	

※ 일별 미세먼지 농도는 24시간 중 가장 높았던 수치를 기록함.

<표 2> '갑'국의 미세먼지 환경기준

(단위 : $\mu g/m^3$)

구분					
PM10	최고농도	0 – 30	31 – 80	81 – 150	151 이상
	평가	좋음	보통	나쁨	매우나쁨
PM2.5	최고농도	0 – 15	16 – 35	36 – 75	76 이상
	평가	좋음	보통	나쁨	매우나쁨

※ 1) PM10 : 지름 10μm 이하의 미세먼지
2) PM2.5 : 지름 2.5μm 이하의 초미세먼지

문 22. 위 <표>에 근거한 <보기>의 설명 중 옳은 것만을 모두 고르면?

<보기>

ㄱ. PM10이 가장 높았던 날에 미세먼지 환경기준에 따른 PM2.5 농도평가는 매우나쁨이었다.

ㄴ. PM2.5가 PM10보다 높은 날에는 PM2.5가 전날의 3배 이상이다.

ㄷ. PM10이 가장 낮은 날의 전날대비 감소율은 40% 이상이다.

ㄹ. 25~31일 동안의 PM2.5 평균농도는 미세먼지 환경기준에 따른 농도평가에서 '나쁨'에 해당한다.

① ㄱ, ㄴ
② ㄴ, ㄷ
③ ㄴ, ㄹ
④ ㄷ, ㄹ
⑤ ㄱ, ㄷ, ㄹ

문 23. 제시된 <표>와 아래의 <조건>에 근거하여 을돌이네의 2020년 5월 전기요금으로 옳은 것을 고르면?

<조건>

○ A시에 거주하는 을돌이네는 미세먼지로 인한 피해를 최소화하기 위해 공기정화로봇을 이용 중임.

○ 공기정화로봇은 미세먼지 환경기준에 따라 '1 ~ 3단계' 중 하나의 강도로 작동함.

○ 공기정화로봇은 일별 미세먼지 최고농도를 감지하여 1일 최대 1회 작동함.

○ 공기정화로봇 작동 메커니즘

PM10 평가 / PM2.5 평가	좋음	보통	나쁨	매우나쁨
좋음	미작동	미작동	1단계	2단계
보통	미작동	미작동	1단계	2단계
나쁨	1단계	1단계	2단계	3단계
매우나쁨	2단계	2단계	3단계	3단계

○ 공기정화로봇 작동 단계에 따른 전력소비량

구분	1회 작동 시 전력소비량
1단계	4kWh
2단계	6kWh
3단계	10kWh

○ '갑'국 전기요금 누진체계

사용전력량	기본요금(원)	전력량요금 (원/kWh)
200kWh 이하	900	100
201~400kWh	1,600	180
400kWh 초과	7,300	280

※ 한 달 사용전력량이 250kWh인 경우의 예 :
(900 + 1,600) + 100 × 200 + 180 × (250 − 200) = 31,500원

※ 공기정화로봇을 제외하고 을돌이네가 사용하는 한 달 전력량은 총 250kWh임.

① 41,600원
② 43,200원
③ 44,100원
④ 54,100원
⑤ 57,600원

문 24. 다음 <표>와 <정보>는 A ~ J 지역의 주요 지표이다. 이를 근거로 '가' ~ '라'에 들어갈 수 있는 값으로만 나열한 것은?

<표> A ~ J 지역의 주요 지표

지표 지역	건축허가면적 증감률(%)	아파트 매매가격 지수	노외 주차장 현황(개)	음주운전 교통사고 비율(%)	경제활동 참가율(%)	근로 여건 만족도
A	-22.2	(나)	911	8.9	64.2	30.7
B	(가)	115.7	2,045	5.6	62.1	32.1
C	24.0	122.1	3,053	7.5	62.8	33.2
D	-12.6	93.4	1,053	6.5	63.3	40.5
E	-5.8	101.1	935	10.8	64.6	33.6
F	59.5	147.6	47	9.7	64.5	44.8
G	4.1	95.3	632	(다)	65.3	31.9
H	-9.7	92.7	1,451	7.2	63.7	31.3
I	-6.3	97.5	1,373	7.6	(라)	28.8
J	10.8	138.9	522	5.7	63.4	32.7

<정보>

○ '건축허가면적 증감률'이 가장 작은 지역은 '노외주차장 현황'이 2번째로 큰 지역임.
○ '아파트 매매가격 지수'가 A보다 높은 지역은 C, F, J임.
○ '음주운전 교통사고 비율'이 G보다 낮은 지역은 B, D, J임.
○ '경제활동 참가율'이 '근로여건 만족도'보다 2배 이상인 지역은 A, G, H, I임.

	(가)	(나)	(다)	(라)
①	-0.3	117.8	7.1	61.5
②	-4.5	122.0	6.6	62.7
③	2.7	118.3	6.7	57.0
④	0.9	119.4	6.4	58.2
⑤	3.8	115.6	7.0	57.9

문 25. 다음 <표>는 '갑'대학병원 본태성떨림증(ET) 의심환자 30명의 임상연구에 대한 자료이다. 이에 대한 <보기>의 설명 중 옳은 것만을 모두 고르면?

<표> 환자별 검사 결과

(단위 : 점)

분류 환자번호	신체 경직도	무척추 반사	질환 여부	분류 환자번호	신체 경직도	무척추 반사	질환 여부
ET_1	0	1	×	ET_16	1	2	△
ET_2	0	3	△	ET_17	( )	2	×
ET_3	4	2	○	ET_18	4	1	△
ET_4	2	3	△	ET_19	5	3	○
ET_5	0	0	×	ET_20	2	1	△
ET_6	2	1	△	ET_21	0	3	△
ET_7	1	1	×	ET_22	0	1	×
ET_8	4	3	○	ET_23	1	2	△
ET_9	1	1	×	ET_24	1	1	×
ET_10	3	3	○	ET_25	5	0	△
ET_11	2	0	×	ET_26	1	2	△
ET_12	4	3	○	ET_27	3	3	( )
ET_13	2	3	△	ET_28	5	2	○
ET_14	1	3	( )	ET_29	4	2	○
ET_15	2	3	△	ET_30	1	0	×

※ 1) 질환여부는 신체 경직도와 무척추 반사 점수를 합산한 값의 범위에 따라 결정되며, ×는 '질환없음', △는 '질환의심', ○는 '확진'임.
2) 신체 경직도 점수는 0 ~ 5점, 무척추 반사 점수는 0~3점이며, 1점 단위로만 점수가 매겨짐.

<보기>

ㄱ. ET_17 환자의 신체경직도 점수는 0점이다.
ㄴ. ET_27 환자는 '질환의심' 판정을 받았다.
ㄷ. 조사대상 환자 중 '질환의심' 환자가 가장 많고, '확진' 환자가 가장 적다.
ㄹ. '확진'환자 중 무척추반사 점수가 3점인 환자는 전체 '확진' 환자의 50% 이하이다.

① ㄱ, ㄴ
② ㄱ, ㄷ
③ ㄴ, ㄷ
④ ㄴ, ㄹ
⑤ ㄷ, ㄹ